W0044371

Gernot Wainig

An der
pädagogischen Front

PRAESENS VERLAG

Gedruckt mit Unterstützung

der Kulturabteilung der Stadt Wien,
Wissenschafts- und Forschungsför-
derung

WIEN
KULTUR

Umschlagfozo:
Gualtiero Boffi, shutterstock.com
(223948897)

**Bibliografische Information der
Deutschen Nationalbibliothek**
Die Deutsche Nationalbibliothek
verzeichnet diese Publikation in der
Deutschen Nationalbibliografie; de-
taillierte bibliografische Daten sind
im Internet über http://dnb.d-nb.-
de abrufbar.

ISBN: 978-3-7069-0805-4

© Praesens Verlag
http://www.praesens.at
Wien 2015

Alle Rechte vorbehalten. Rechtsin-
haber, die nicht ermittelt werden
konnten, werden gebeten, sich an
den Verlag zu wenden.

Inhalt

VORWEG

Dieses Buch ist eine Dokumentation über Unterrichtssituationen in Wien von 2008 bis 2013.

Inhaltlich wurde der Schulalltag in einer Wiener Schule festgehalten und in einer Art Supervision alle für den Verfasser »außer der Norm befindlichen Ereignisse« niedergeschrieben und dokumentiert.

Schülerinnen und Schüler sind in diesem Schultyp 14 bis 16 Jahre, vereinzelt auch schon 17 Jahre alt. Burschen und Mädchen sind durchschnittlich gleich verteilt.

Obwohl mehrere geschilderte Vorkommnisse auch in anderen Schulen auftraten, was durch Meinungsaustausch bei Seminaren immer wieder erörtert und bestätigt wurde, ist eine Generalisierung nicht erwünscht und auch nicht zulässig.

Positive Ereignisse und Verhaltensweisen von Schülerinnen und Schülern werden in dieser Dokumentation zwar angesprochen, auch ausdrücklich in kurzen Sequenzen dargestellt, sind aber nicht Themenschwerpunkt. Dennoch sei ausdrücklich darauf hingewiesen, dass es sehr viele positive Unterrichtssituationen gibt und viele Lehrer ein völlig anderes Berufsumfeld haben, als es in diesem Buch dargestellt wird.

Schwerpunkt dieser Darstellung sind die Rahmenbedingungen, innerhalb derer in Polytechnischen Schulen, Fachmittelschulen und sogenannten Kooperationsklassen Unterricht erfolgt und vorausblickend in Zukunft erfolgen könnte.

Diese Dokumentation ist sehr real abgefasst. Sie verschönt nichts, auch die Sprache nicht, die sehr oft bei direkten Wiedergaben im Fäkalbereich angesiedelt ist. Deshalb wird hier ausdrücklich um Entschuldigung für diese derben Ausdrucksweisen gebeten, sie sind aber wörtliche Zitate.

Dieses Buch ist keine Anklage, sondern versteht sich als konstruktives Ansinnen, als eine Ausgangsbasis für Veränderungen.

Durch den relativ langen Dokumentationszeitraum wurden einige aufgezeigte Defizite und Minuspunkte im Laufe der Zeit auch der Öffentlichkeit bewusster und somit wurden auch erste zaghafte Lösungsansätze erarbeitet.

Eingeholt wurde dieses Buch im Entstehungsprozess nicht nur von den genannten Bemühungen, sondern auch von der fast flächendeckend eingeführten Neuen Mittelschule (NMS), aber auch von der Einführung eines verbindlichen Qualitätsmanagements, das ein verbindliches Umsetzungsprofil vorgibt, das sich die einzelnen Schulen selbst erarbeitet haben bzw. noch zu finden haben.

Trotz vieler »kleiner Baustellen« bleibt noch großer Handlungsbedarf und somit haben alle aufgezeigten und dargestellten Bereiche leider noch immer ihre Berechtigung und warten auf den großen Reformwunsch, der das österreichische Bildungssystem seit Jahren begleitet.

Dieser vorliegende Beitrag versteht sich als Anstoß eines Praktikers, der 40 Jahre im Schulbereich in verschiedensten Herausforderungen wie Unterricht, Schulleitung, Bildungsmanager, Lehrerfortbildner, Reformer tätig war und ist.

Es ist ein Handbuch für all jene, denen die Bildungsreform mehr als ein Lippenbekenntnis ist.

Interessant und spannend ist aus Sicht des Verfassers auch die Tatsache, dass die hier geschilderten Rahmenbedingungen für den Unterricht in Wiener Schulen dann auch für die Neue Mittelschule (NMS) gelten. Man darf wirklich gespannt sein, wie diese flächendeckende Schulform, wenn Hauptschulen sozusagen ausgelaufen sind, mit diesen »Kunden« umgeht. Denn eines ist klar: Eine Gesamtschule betreut die gesamte Population von Schülern. Dazu gehören auch jene Jugendlichen, die in diesem Buch Mittelpunkt der Geschehnisse sind.

Vielleicht haben die Experten, die durch die Gesamtschule eine Nivellierung nach unten sehen, doch recht. Denn wenn man sich real vorstellt, dass diese im Buch vorgestellten Schüler »Klienten« der NMS sind, dann werden Zweifel an der Sinnhaftigkeit dieser Einrichtung gerechtfertigt sein.

»Die neue Mittelschule müsse besser werden als die Hauptschule«, mit dieser Forderung trat der steirische Landesrat Schickhofer erst unlängst (Februar 2014) an die Öffentlichkeit. Noch sehe er das neue Schulmodell in der Steiermark nicht gescheitert, man müsse aber ständig evaluieren. Auf die Tatsache, dass die NMS bei den Bildungsstandards schlechter als die Hauptschule abschnitt, setzte er auf Zeit und unterstützende Fachdidaktik.

Das Problem ist eigentlich glasklar: Die Hauptschulen sind zu neuen Mittelschulen geworden, doch die Aufteilung der Schüler ist die alte geblieben. Viele gehen ins Gymnasium, der Rest nun in die NMS, die eigentlich keine Gesamtschule ist, sondern eben die »Restgesamtschule«.

Nach Abschöpfung durch die Gymnasien verteilen sich die restlichen Schüler auf diverse NMS. Damit ist die »Idee« einer tatsächlichen – die Population von Schülern umfassenden – Gesamtschule gescheitert. Gymnasien »schöpfen ab« und interessieren sich nach wie vor nicht für die NMS. Das Ergebnis des Bildungsstandards der steirischen 14-Jährigen verdeutlicht dies ebenfalls.

10.536 steirische Schüler traten zu einem Bildungsstandardtest in Englisch an, das ist nahezu der gesamte Jahrgang der 14-jährigen.

592 Punkte erreichten im Schnitt AHS-Schüler, die HS-Schüler jedoch nur 474 Punkte und die NMS-Schüler 462 Punkte. Das ergibt einen österreichischen Schnitt aller Schultypen von 519 Punkten, wobei die steirischen Schüler mit 506 Punkten im Schnitt deutlich unter dem österreichischen Wert blieben.

Bildungsexperte Andreas Salcher spricht sogar von einem Flop der NMS und meint, man müsse das Ganze stoppen. Begabte und nicht begabte Schüler zu mischen funktioniere nicht. Die NMS seien nichts anderes als Hauptschulen, es wäre lediglich der Namen geändert worden, ansonsten aber nichts. Der Versuch sei fehlgeschlagen und die Politik müsse das Rückgrat haben, das zuzugeben und den Versuch NMS beenden.

Ein interessanter Ansatz, den ich vollends unterstütze, zumal ich in meinen Überlegungen und Ausführungen zum selben Ergebnis komme und dies auch klar darstellen kann.

Der Druck auf die Lehrer steigt damit weiter. Gymnasien selektieren und umso wichtiger wird die Note in der Volksschule. Das spüren die Lehrer, zumal ja auch hier Überprüfungen aufklären: 80% der Buben und 76% der Mädchen erreichten oder übertrafen die Bildungsstandards in Mathematik. Umgekehrt heißt das aber, dass 12% der Mädchen bzw. 10% der Buben die Standards nicht erreichten. Sind das Schüler für die NMS?

Schon aus diesen Überlegungen sind die geschilderten Ereignisse in diesem Buch spannend. Wer und wie wird denn der Kunde der NMS sein? Eine Vorahnung zumindest einer Teilklientel kann man sich hier erlesen.

Hoffen wir deshalb gemeinsam, dass Österreich erwacht und zu einer Reform aufbricht, die auch unsere Jugend wieder befähigt, aktiv an der Weiterentwicklung ihrer Persönlichkeit, aber auch an unserem Staat teilnehmen zu können.

Die diversen Leseforen dieser Tage in unseren Medien von A bis Z befassen sich ausführlich mit den Missständen in der Bildungspolitik und begrüßen jede Initiative, die eine Verbesserung der Bildungsfrage in Österreich herbei führen kann.

»Bildungspolitiker nehmen den Lehrern sämtliche Möglichkeiten, Schüler, die sich nicht eingliedern wollen oder können bzw. renitent und unbelehrbar seien«, zu sanktionieren, so schreibt eine Vielzahl von Lesern.

»Die Bildung unserer Jugend wird an die Wand gefahren«, meinen wieder andere Beiträge, »unser Bildungsniveau für unsere Nachkommen werde absichtlich und stetig gesenkt, sodass Gegenwehr immer geringer werde.«

Unser Geld werde im Bildungsbereich sinnlos verschleudert, es mache keinen Sinn, etwas weiterzuführen, was nicht funktioniere. Eine Vereinheitlichung der Schule sei nicht die klügste Antwort.

Der Ruf nach einer umfassenden Bildungsreform ist lauter und intensiver denn je. Sollte in diesem Lande irgendjemand das noch nicht erkannt haben oder sollten noch Bedenken gegen rasches intensives Handeln vorhanden sein, dieses Buch gibt Argumentationshilfe und schafft Emotionalität, die manchmal mehr als nur unter die Haut geht.

Interessanterweise ist der Ruf nach Bildungsreform aber nicht überall gleich stark ausgeprägt. Laut *Standard* (November 2011) zeigt das Bildungsvolksbegehren einen »Elitentrend und starkes Stadt-Land-Gefälle«.

Unbestritten gesichert hingegen ist, dass es verhaltensauffällige Kinder in unseren Schulen gibt. Diese sind nicht verhaltensauffällig geboren, sondern als Teil unserer Gesellschaft spiegeln sie deren Probleme wider. Es sind meist ungeliebte, einsame, unverstandene Kinder, emotional und vor allem sozial benachteiligt.

Diese »Sozialwaisen« werden oft von großer Unsicherheit und Angst getrieben, zeigen mitunter wenig Selbstwert und arten deshalb in Aggressivität und Gewaltbereitschaft aus. Sie brauchen ein Übermaß an Anerkennung, Erfolg, Lob und Partner, die sie annehmen bzw. annehmen können, also eine Befähigung für den Umgang mit Verhaltensauffälligen erworben haben.

Man muss sich auch diesem Problemfeld stellen, wenn man von einer Bildungsreform spricht. Dazu bedarf es eines umfassenden Problembewusstseins und einer entsprechenden professionellen Strategie. Ein kühler Kopf und entsprechende Distanz helfen beim Abbau solcher Fehlverhalten. Diese Ebene müssen wir uns gemeinsam erarbeiten.

Wir müssen uns der Realität stellen. Realitätsverweigerer schaden enorm. Welcher Grund für diese Realitätsverweigerungen auch immer dafür angeführt wird, es bleibt ein Vorwand. Die Ausbildungsergebnisse am Ende der Pflichtschullaufbahn sind besorgniserregend und an die 30% schaffen die Basics in Rechnen, Rechtschreiben und Lesen nicht. Handlungsbedarf ist dringend gefordert.

Dieses Buch befasst sich mit all diesen Fragen und Problemkreisen. Es kann als Ausgangsbasis, als eine Voruntersuchung, eine erste Faktensammlung dazu dienen, sich rasch und fundiert umfassenden Innovationen zu stellen.

EINLEITUNG

>»Du brauchst dich nicht so aufspielen, ich habe keinen
>Bock auf die Schule!«

So der Wortlaut einer 14-jährigen PTS-Schülerin, die in einem Sessel mehr liegend als sitzend den/die vor ihr stehenden Direktor / stehende Direktorin einer Wiener Schule im Beisein von zwei weiteren Lehrern damit provozierte.

Auf die Entgegnung des Leiters / der Leiterin, er/sie sei nicht »per du« mit dem Mädchen und »befleißige dich eines normalen Tones«, meinte dieses Mädchen:

>»Ich sage zu niemandem mehr ›SIE‹, ich habe auf nichts
>einen Bock, ich mach, was ich will und pass auf, was ›DU‹
>redest!«

Als der Direktor/die Direktorin, weiter um Beruhigung und Deeskalation bemüht, meinte, »wir reden im Beisein deiner Eltern bzw. deiner Mutter weiter«, antwortete das Mädchen:

>»Oh, die Mutter reinholen, ha, ha, oh, da fürchte ich mich
>aber, besser noch die Polizei, ha, ha, das geht ma am
>Oarsch vorbei Oida/Oide!«

Eine andere Begebenheit gefällig?

Ein Schüler, der überaus viel »stangelte« (bedeutet in Wien **schulschwänzen**), entzog sich auf lange Zeit einer fälligen Schularbeit. Als er dann doch einmal »greifbar« war und die Schularbeit nachschreiben sollte, artete er in Aggressivität und persönlichen Beleidigungen aus:

>»Das kann ich nicht, was soll das, das versteh ich nicht,
>das mach ich nicht, Sie können überhaupt nicht erklären,
>Sie sind überhaupt kein Lehrer, was soll der Scheiß?«

Im Anschluss daran gab er nach drei Minuten die Schularbeit ab, zog sich maulend und provozierend zurück und beschäftigte sich mit seinem Handy, was wiederum gegen alle Regeln der Schulordnung und die zu Schulbeginn gemeinsam erarbeiteten Vereinbarungen verstieß.

Natürlich ist klar, dass die Überforderung oft Auslöser für derartiges aggressives Verhalten ist. Oft sind es auch andere Anlässe, Verhältnisse, die Grund für ein auffälliges Verhaltensmuster sind. Aber wie geht man damit um, wie vermeidet man diese Überforderungen bzw. wie geht man mit anderen Auslösern um?

Mit dieser Fragestellung und diesen kurzen Beispielen sind wir mitten im Thema. Fünf Jahre habe ich an einer Wiener Schule gearbeitet und alle geschilderten Zustände »am eigenen Leib« erlebt. Ich war sozusagen live dabei, in erster Reihe, fußfrei, mitten im Geschehen.

In einer Art Supervision für mich habe ich alle Daten und Fakten gesammelt, protokolliert und mich dann letztendlich entschlossen, der Öffentlichkeit einen Einblick zu gewähren, der wahrlich nicht alltäglich ist, andererseits aber nicht generell als Status in Wiener Schulen gesehen werden darf.

All jene, die die Wortwahl »Pädagogik und Front« nicht passend finden, mögen verzeihen, dass ich beide Begriffe als geeignet erachte, weil sie genau das Umfeld beschreiben, in denen alle Vorkommnisse angesiedelt sind. **PÄDAGOGISCHE KONFRONTA-TIONEN** stehen im Mittelpunkt.

Es geht um Schule, Umgang im pädagogischen Bezug von Schülern und Lehrern, erweitert auch um Eltern. Es geht um Unterricht oder Unterrichtsversuche, es geht weiter um Gewalt, Respektlosigkeit, Vandalismus, Integration, Mobbing, Bullying, derbe Umgangssprache, Sprachenvielfalt, multikulturelle Begegnungen vieler Nationen, verschiedene Religionen, Ignoranz, Leistungsunwilligkeit, Schulangst, totale Bildungsdefizite.

Es geht um Mangel an Grundkenntnissen, sich zu benehmen, Mangel an jedweder Sozialkompetenz, Mangel an Kinderstube, Takt. Im weitesten Sinne geht es um die Erziehung unserer Kinder und Jugendlichen. Diese Erziehung wird immer mehr an die Schule delegiert. Eltern fehlt oft wegen der Doppelbelastung die Zeit, sich Erziehungsaufgaben zu stellen, manchmal sind sie schlichtweg einfach überfordert. Somit soll die Schule diese Aufgabe übernehmen. Aber ist die Schule gerüstet, ausgestattet, derartige Aufgaben erfolgreich durchzuführen? Auch damit befasst sich dieses Buch.

Es geht aber auch – und das schmerzt besonders – um völlige Resignation eines Systems, von Erwachsenen, ob von Eltern oder Lehrern und den öffentlichen Institutionen, wie der Schule, des Jugendamtes, der Familienfürsorge oder auch vom AMS schlechthin. Ohnmacht ist dabei ein durchaus treffender Begriff zu dieser Befindlichkeit.

Manchmal wird rundherum um Österreichs Schulen sehr viel »schöngeredet«. Man präsentiert eine positive Außendarstellung und belügt oder, abgeschwächt, man täuscht sich mitunter selbst damit. Statistiken, Teilstudien beschönigen Bereiche, die in ihrer Gesamtheit absolut nicht so zu klassifizieren wären. Spätestens seit der PISA-STUDIE weiß man, dass Österreich Aufholbedarf hat und eine Bildungsreform dringend ansteht.

Gerade auch der dargestellte Kurzabriss über die Situation der NMS verdeutlicht, dass man mit einer Umbenennung von Hauptschule in NMS keine wirklich Reform auf die Beine gestellt hat. Da hilft auch kein Schönfärben und Hoffen auf Verbesserungen.

Soweit es möglich ist – und das ist mein absolutes Bemühen –, soll dieses Buch ein möglichst objektiver Versuch sein, die Dinge und Verhältnisse in einigen (vielen?) unserer Schulen so darzustellen, wie sie wirklich sind.

Mag sein, dass dies manchmal »wehtut«, manchmal fast an die Grenzen von Glaubwürdigkeit stößt. Zumindest dann, wenn es um wörtliche Wiedergaben von Sprüchen, Antworten oder Frechheiten, Beleidigungen von Schülern geht. Man könnte diese geschilderten Vorkommnisse jedoch niemals erfinden, sie sind unverfälscht wiedergegeben.

Natürlich beziehen sich die unmittelbaren »Erlebnisse« auf eine bzw. zwei Schulen, aber durch die Vernetzung mit anderen Lehrern von verschiedenen Schulen in Arbeitsgruppen und Seminaren erfuhr ich von ähnlichen Verhältnissen und Vorkommnissen. Im beruflichen Dialog ist also die Schilderung meines Berufsalltages kein Einzelfall.

Mit anderen Worten, eine breitere Perspektive, dass in einigen Wiener Schulen durchaus ähnliche Situationen anzutreffen sind, ist aus meiner Sicht legitim.

Auch hier finden sich nach Schilderungen und Erzählungen von Kolleginnen und Kollegen Respektlosigkeiten, die Problematik von mangelndem Schulbesuch und vielen anderen Verhaltensauffälligkeiten. Eine ähnliche Szene, mit ähnlicher obszöner Sprache und denselben Auswüchsen ist dabei erkennbar.

Wobei gerade diese Sprache ein Wesensmerkmal widriger Umstände ist. In dem Zusammenhang von Mangel an Erziehung und Kinderstube, von Bildungsdefiziten und fehlender Enkulturation geht es nämlich sehr oft auch um eine sehr ordinäre Sprache, eine obszöne Sprache.

Kurz gehackte, Rappern nachgeahmte, gepresste Laute, wie

»He Mann, was willst du, du Hure, ich mach dich fertig, willst du kämpfen 1 gegen 1«

bilden einen eigenen Klang, der zur Szene gehört. »So was sagt man nicht, das darf man nicht sagen«, ist diesen Jugendlichen offensichtlich selten bis gar nicht beigebracht worden. Eine andere Erklärung wäre konstruiert.

Ich habe lange überlegt, wie ich diese wörtlichen Zitate von Schülerinnen und Schülern wiedergebe (in Zukunft sind in den männlichen Formen auch die weiblichen eingeschlossen), in einer geschönten Sprache, dem »poetischen Realismus« entsprechend oder im Originalton, was einem »ungeschminkten Naturalismus« gleichkommt.

Obwohl mir diese Obszönität schwer bis überhaupt nicht über die Lippen geht, habe ich mich für den Originalton entschieden und bitte nochmals um Entschuldigung, was da an Fäkalsprache auf den Leser zukommt. Die Verwendung des »Originaltones« vermittelt mehr Authentizität und ist kein Filter, der etwa interpretiert oder verschönt.

Es sei auch klargestellt, dass kein »verbaler Voyeurismus« betrieben wurde, sondern im Unterrichtsalltag ist man, ob man will oder nicht, ständig mit intimsten Dingen, dem Lebensalltag dieser Jugendlichen befasst. Mag sein, dass sie manchmal damit vielleicht auch provozieren wollten. Wie auch immer, es bestand keine Chance diese ständigen Äußerungen und Provokationen zu überhören, waren sie doch wohl offensichtlich zu einem Teil für unsere »Lehrer-Ohren« bestimmt.

Es geht in diesem Buch aber auch um die Kapitulation eines Systems, um die Schule und das RUNDHERUM um die Schule. Gezeigt und beschrieben wird die Ohnmacht und Hilflosigkeit von Lehrern, Institutionen, die gebunden sind an Vorgaben, Gesetze und Normen und im gesetzlichen Rahmen keine Möglichkeit auf Herbeiführung einer Veränderung haben.

Wer sich an Normen und Gesetze zu halten hat, ist vorerst immer vermeintlicher Verlierer gegen den, der außerhalb des Gesetzes, der Normen, der Standards agiert, sich als Outlaw präsentiert.

Ja, die Möglichkeit, angemessene Reaktionen, Verhaltensänderungen herbeizuführen, ist faktisch nicht gegeben.

Es gibt praktisch wenige bis keinerlei Möglichkeiten einer Sanktionierung grober Verfehlungen. Im Maßnahmenkatalog für alle Betroffenen, die mit den Verfehlungen umgehen müssen und sollen, fehlen diese und sind nicht zu finden.

»Ertragen, erdulden, darüber hinwegsehen, sich abfinden, ergeben, sich arrangieren, Vereinbarungen treffen (an die sich niemand hält)« sind dabei einige Bewältigungsstrategien.

Das Bild, das ich vorstelle, die Situationen, die ich beschreibe, sind nicht einseitig.

Natürlich gibt es auch positive Erscheinungen einzelner guter, zielorientierter, »normaler« (unserer Erwartungshaltung entsprechender) Schüler, motiviert und nicht verhaltensabnorm oder verhaltensauffällig. Sie sind bereit und willens, sich hochzuarbeiten, zu lernen, sich einzubringen und die Chancen für eine positive Lebensgestaltung zu nützen. Sie nehmen die Chancen, sich positiv weiterzuentwickeln an, sie sind neugierig, lernbegierig, sie bringen sich in die pädagogische Beziehungsarbeit ein.

Es gibt sie also durchaus, die guten, freundlichen, leistungswilligen, leistungsorientierten, höflichen, pünktlichen, mit guten Manieren und gutem Benehmen versehenen Schüler. Sie fallen auf, sie verwundern fast, weil man sie im alltäglichen Umfeld, wo ich arbeitete, leider zu selten findet.

Sie tun jeder Klasse gut, sie sind Anhaltspunkt, Lichtblick und Erfolgserlebnis für leider viel zu seltene positive Erlebnisse. Dabei haben es diese Schüler in der Klassengemeinschaft nicht immer leicht, werden sie doch als »Streber« gesehen und mitunter zum Außenseiter gestempelt. Man versucht sie deshalb zu isolieren, herabzuziehen auf die allgemeine Leistungsnorm. Nur selten zollt man diesen guten Schülern die Anerkennung, die ihnen gebührt, und nur allzu selten suchen sie deren Nähe oder gar Hilfe.

In dieser eher kleineren Gruppe sehr positiver Schüler gibt es natürlich auch Schüler mit Migrationshintergrund, wie es allgemein »fachtechnisch« bezeichnet wird.

Ihnen ist sozusagen der »Knopf aufgegangen«, sie haben erkannt, dass ein positiver Schulabschluss ein positives Signal in Richtung zukünftiger Arbeitgeber ist. Sie wissen, eine Chance auf Beruf und Lebensqualität steigt mit dem Ergebnis eines guten Schulabschlusses.

Mag sein, dass auch das Elternhaus oder sehr oft die älteren Geschwister, die nicht selten studieren oder schon einen Studienab-
schluss hinter sich gebracht haben, der Motivator oder der Kontrol-
leur für diese Schüler sind.

Allerdings sind diese Schüler in meinem persönlichen Berufsumfeld in Wien in der Minderzahl. Ich quantifiziere diese Gruppe mit
ca. 20%. Aber es gibt sie, es ist toll und das ist ausdrücklich festzu-
halten.

Es gibt also ganz nette, motivierte, lernwillige, freundliche, interes-
sierte junge Menschen mit gutem Benehmen in unseren Schulen
und diese kommen in dieser Darstellung zu kurz, weil ich mich in
diesem Buch mit dem Außergewöhnlichen, dem Abweichenden
auseinandersetze.

Dies deshalb, weil ich denke, dass diese Art von Verhaltensweisen
den Schulalltag wesentlich beeinflusst und somit das Gesamtbild
einer Schule nach unten nivellieren kann. Dies auch deshalb, weil
man hier Veränderungen herbeiführen muss, will man eine wirklich
fundamentale pädagogische Bildungsreform einleiten.

Mag sein, dass man sozusagen den »Normalschüler« auch nicht in
den Mittelpunkt von Betrachtungen stellen muss. Man erwartet und
wünscht eigentlich dieses Schülerbild, erhofft positiv motivierte
Schüler und geht auch davon aus. Dass es leider sehr oft umgekehrt
ist, ist ein massiver und schmerzlicher Lernprozess. Halten wir also
nochmals ausdrücklich fest, es gibt sie, die Schüler, die man sich
als Lehrer wünscht. Leider sind sie in den Bereichen, wo ich unterrichtete, den Polytechnischen Schulen, den Kooperationsklassen
und auch teilweise in den Fachmittelschulen nicht so häufig anzutreffen.

In diesem Buch geht es nicht um »reißerische Darstellungen«, die
»um jeden Preis« Aufmerksamkeit erzielen wollen, nicht um Erfin-
dungen, nicht um Selbstgefälligkeit, »pädagogische Zeigefinger«
oder Entschuldigung oder Vorwürfe.

Nein, es geht darum, aufzuzeigen, was wirklich mancherorts passiert, welche Zustände gegeben sind und wie weit unser System
sich von der Realität einer positiven Lernkultur bereits entfernt hat.

Ich sehe als ein Beteiligter in diesem System eine Art Bringschuld
an die Öffentlichkeit. Es ist nicht das erste Mal, dass ich aufzuzeigen versuche, dass Handlungsbedarf besteht, nachhaltiger und drin-

gender und es ist auch nicht so, dass ich nicht Alternativen aufzeige, andeute, zur Diskussion stelle.

Ich werde dies auch in diesem Buch wieder tun. Dabei verstehe ich mich als einer, der 40 Jahre in diesem Metier gearbeitet hat, und ich stelle dabei den Anspruch, zu wissen, worüber und wovon ich rede. Dies ist meiner Ansicht nach bei den vielen »selbsternannten Experten« im Themenbereich Schule nicht immer ganz der Fall.

Als ich, nach weit über dreißig Dienstjahren in der Steiermark, in denen ich auch Leiter einer Schule geworden war, nach acht Jahren Schulpause, nicht jedoch Arbeitspause in anderen Jobs, in Wien als Vertragslehrer »anheuerte« und eine Chance erhielt, meinen erlernten Beruf wieder auszuüben, war ich sehr dankbar.

Ich hatte allerdings keine Ahnung von der Wiener Schulsituation im Pflichtschulbereich, ja nicht einmal die Andeutung einer pädagogischen Interpretation des rundum bekannten Slogans »Wien ist anders«.

Aber nun weiß ich es besser: »Wien ist TOTAL anders«, zumindest in manchen Pflichtschulbereichen, darüber erzählt dieses Buch!

Es ist, wie gesagt, ein Protokoll über fünf Jahre, beginnend 2008. Fünf Jahre, in denen ich alle Schultypen zu unterrichten hatte, Schülern in allen drei genannten Bereichen begegnete.

Für mich war das Niederschreiben und Festhalten der Ereignisse eine Art Notwendigkeit der Auseinandersetzung, wie schon betont, eine Supervision mit den täglichen Erlebnissen in der Schule zurecht zu kommen. Man könnte auch sagen, es entstand eine Art »pädagogisches Tagebuch«.

Durch das Niederschreiben verstärkte sich sehr oft die Ungeheuerlichkeit des Erlebten, ich »durchlebte« in allen emotionalen Facetten wie Wut, Verzweiflung alles noch einmal. Andererseits hatte ich dabei aber über Lösungsstrategien nachzudenken, Veränderungen herbeiführen zu können. Es eröffnete sich für mich eine Art Bewältigung der Situation und der Vorfälle.

1
EINSTIEG UND VORGEFUNDENE SITUATION

Meine Ausgangslage, warum ich in Wien in einer Schule zu arbeiten begann, war folgende:

Ich war ein Konkursopfer geworden, hatte also große finanzielle Verluste erlitten und war sehr erleichtert, dass man mir in Wien die Chance gab, nach acht Jahren Unterrichtspause nicht nur in einer vollen Lehrverpflichtung zu unterrichten, sondern damit auch entsprechendes Geld zu verdienen.

Deshalb war ich natürlich besonders motiviert und wollte mich »richtig ins Zeug legen!«

Auf keinen Fall wollte ich Fehler machen oder irgendwelche Anlässe oder »Angriffsflächen« geben, die meine Beschäftigung gefährden hätten können.

Ich war also auf verschiedenen Ebenen und aus verschiedenen Gründen hoch motiviert, mein Bestes zu geben.

Die Aufnahme durch den zuständigen Bezirksschulinspektor, die Schulleitung und den Lehrkörper der mir zugewiesenen Schule des Stadtschulrates Wien war überaus freundlich, kollegial und ich vermeinte anfänglich, wieder im meinem mir vertrauten »Metier Schule« zu sein. Ich war sozusagen wieder »ZUHAUSE« angekommen.

Allein, es fehlten noch die Kontakte mit der Hauptgruppe von Akteuren in einer Schule, mit den Schülern. Und hier sollte ich rasch eines Besseren belehrt werden.

Trotz großer Berufserfahrung – irgendwie freute ich mich auch auf die neue Herausforderung – war ich angespannt, positiv auf- und angeregt, als ich mich für meine ersten Stunden nach dieser achtjährigen Pause vorbereitete. Ich befand mich sozusagen im Zustand eines angenehmen »EUSTRESSES«.

Meine Ausgangslage war klar: Ich weiß viel von Unterricht und Schule, viel von der Altersgruppe, viel von den Zielen, den Problemen und Schwierigkeiten, viel von dem bevorstehenden Berufseinstieg, da geht einem fast das Herz im Eifer der Vorbereitungen über.

So jedenfalls fühlte ich mich damals und hatte mit der theoretischen Auseinandersetzung meiner künftigen Aufgaben keine Probleme.

Obwohl ich also ein »alter Hase« war, erfahren, eigentlich mein ganzes Berufsleben gerne Lehrer war, viele Schüler unterrichtete und mit vielen Lehrerkollegen, so an die 1800, in Seminaren arbeiten durfte und mir auch eine gewisse Akzeptanz bei den Schülern (nicht bei allen natürlich) in diesen Jahren erarbeitet hatte und großteils (natürlich nicht immer) von Schülern angenommen worden war, also ein überwiegend positives Feedback hatte, nahm ich diese Aufgabe nicht auf die leichte Schulter.

Ich war es mir, aber auch meinen zukünftigen Schülern schuldig, bestmöglichen Unterricht zu bieten, so legte ich mir selbst die Latte entsprechend hoch.

Ich wollte meinen Unterricht wirklich besonders gut machen, aktuell sein, didaktisch, methodisch durchdacht, ich wollte beeindrucken, ich wollte von der ersten Stunde an, zwar aus disziplinärer Sicht »das Zepter in der Hand haben«, aber auf die Schüler zugehen, ihnen ein Partner im pädagogischen Dialog sein. Ich wusste natürlich von den Vorgaben, Zielen und Aufgaben einer Polytechnischen Schule (PTS) und wollte meine mir anvertrauten Schüler bestmöglich dorthin bringen. Ich wollte vorhergesagte Probleme in durchaus vorhandener Eitelkeit auch Lügen strafen.

Man hatte mir nämlich vorhergesagt, zugeflüstert, mich verschmitzt lächelnd vorgewarnt, dass es nicht leicht sein würde, dass der Ordnungsrahmen, die Lernbereitschaft und die Disziplin anders seien als »auf dem Land«. Ich nahm das wohl mit meinem Erfahrungsschatz und großem Selbstvertrauen, vielleicht auch ein bisschen Arroganz und Eitelkeit so nebenbei zur Kenntnis, blieb halbwegs entspannt, wusste allerdings damals nicht, was da konkret gemeint sein könnte und was da dann tatsächlich auf mich zukam.

Ich beriet mich mit Kollegen, meiner Frau, ebenfalls fast 40 Jahre als Lehrerin erfahren, mit Freunden, wir reflektierten, überlegten, sichteten und verfertigten Unterrichtsvorbereitungen, um diesem meinem ersten Auftritt nach acht Jahren ein bestmögliches Entree zu geben.

Allein, meine ersten Stunden in meiner neuen Schule, in meiner neuen Aufgabe waren komplett missglückt, kurz einfach daneben. Ich fühlte mich im wahrsten Sinne des Wortes als »Greenhorn«, als Anfänger.

Ja mehr noch, ich war fassungslos, perplex, ohnmächtig, wütend, verzweifelt. Ich konnte es nicht glauben, was mir da »geboten« wurde.

Mein gesamtes berufliches Repertoire von damals weit über 30 Jahren griff nicht, reichte nicht. Ich kam, ob dauernder versuchter Disziplinierungen, kaum bis anfänglich gar nicht zum Unterrichten. Was war passiert?

Mein Dienstantritt erfolgte mitten im Herbst, Ende November. Das Schuljahr war also schon mehrere Monate alt und die Klasse mehr oder weniger »eingeschworen«. Als ich zum ersten Schultag ausrückte, dort meinen Dienst dann antreten konnte, erstmals wieder vor einer Klasse stand, erfolgte NICHTS!

Ich wurde nicht einmal negiert, einfach gar nicht zur Kenntnis genommen, total ignoriert, als ich die Stunde beginnen wollte, wie ich es gewohnt war. Stehende, schweigende, vielleicht auch auf mich neugierige Schüler, eine Begrüßung mit der Aufforderung, sich zu setzen, das war mein Ziel, wie ich es von tausenden Stunden gewohnt war!

Einerseits wollte ich von Anfang an eine gegenseitige Respektierung und Achtung mit dieser höflichen Umgangsform – sich zu begrüßen – erwirken und andererseits die Aufmerksamkeit der Schüler bündeln.

Jeder erfahrene Lehrer weiß, dass Erstbegegnungen besonders wichtig sind und die gesamte Jahresarbeit wesentlich beinträchtigen können, wenn die Erstbegegnung nicht stimmig ist.

Leider sahen die Schüler meine Anwesenheit und schon gar nicht meine Bemühungen so.

Sie lärmten, rauften, schubsten, beschimpften sich weiter, standen teilweise verkehrt zum Lehrertisch oder sie saßen, aßen und tranken oder versteckten sich hinter ihrem Schutzschild, mit dem sie sich permanent beschäftigten, dem Handy. Zwei, drei Schüler waren sogar noch außerhalb der Klasse, obwohl die Stunde schon längst begonnen hatte.

Im ersten Moment dachte ich an Drehbücher aus der Filmbranche, die sich mit dem Schulalltag auseinandersetzen, wie etwa Filme mit Peter Alexander oder Heinz Rühmann, die sich oftmals in diesem Metier erfolgreich und humorvoll präsentierten. Ich dachte an eine einstudierte Choreographie, einen Sketch, aber so organisiert sind diese Schüler nicht, schoss es mir durch den Kopf! Das Gegenteil allerdings stellte ich erst im Laufe meiner Dienstzeit in Wien fest.

Sie verhielten sich auf alle Fälle so, als ob kein Lehrer in der Klasse wäre, als ich meine erste Stunde startete. Tatsächlich waren wir sogar zu zweit in der Klasse: eine überaus erfahrene Kollegin, die schon Jahre in diesem Umfeld arbeitete, die Klasse führte, und ich. Selbst ihre Anwesenheit half mir in diesem Moment nicht. Es bedurfte letztlich ihrer energischen Hilfe und Intervention, dass es zu einem verzögerten Unterrichtsbeginn kam.

Mein Einstieg war – wie schon hingewiesen – »mitten im Schuljahr«, so Ende November, und die Klassengemeinschaft hatte sich offensichtlich schon in eine (für mich) falsche Richtung entwickelt. Offensichtlich wollte man mich von der ersten Stunde an »testen«, wo die Grenzen liegen, oder man wollte mir gleich mal zeigen, wer da Herr in dieser Klasse ist. Natürlich war es für die Schüler auch eine Herausforderung, einen Lehrer zu bekommen, denn ich löste eine Kollegin ab.

Da stand ich nun vor dieser Kooperationsklasse (etwas, was mir in der Steiermark völlig unbekannt war und worüber ich noch ausführlich berichten werde), konnte es nicht glauben, nicht fassen, nicht begreifen, was sich da abspielte. Ich, wir – waren für diesen Moment nicht existent!

Ich war vorerst höchst erzürnt, später bis total bedrückt und richtig ärgerlich und außer mir und auch verzweifelt ob meiner Ohnmacht und perplex. So etwas war ich nicht gewohnt, so etwas war mir noch nicht passiert. Im wahrsten Sinne des Wortes blieb mir die »Spucke« weg. Ich wusste im ersten Moment gar nicht, wie viel da sozusagen »außer der Norm« ablief. Es war mit einem Wort in meinen Augen eine riesengroße Frechheit, eine ungeheure Feindseligkeit und ich vermisste jede Spur von Anstand, Benehmen, Respekt.

Es ging um ein freundliches »Guten Morgen, Grüß Gott, ein Hallo«, mehr nicht! Und das wurde schlichtweg verweigert. Es ging um ein Eröffnungsritual, wie es tagtäglich in vielen Schulen mehr oder weniger erfolgreich praktiziert wird.

Nicht einmal diese Höflichkeitsform konnte durchgeführt werden, geschweige kam sie an. Dabei ging es nicht um schulisches Reglement, sondern um eine Alltagsbegegnung, die tausendfach jeden Morgen in Schulen, in Firmen, Betrieben in der Welt passiert. Es gab eine schlichtweg klare Verweigerung normalster Umgangsformen und eine Totalnegierung meiner Person und meiner Funktion als Klassenlehrer.

Kurzum, ich war OHNMÄCHTIG! Was konnte ich tun? Was sollte ich tun? Ich war aber auch überhaupt nicht darauf vorbereitet, dass ich bei einer aus meiner Sicht höflichen, freundlichen, logischen, normalen und standardisierten Aktivität zu Unterrichtsbeginn am Morgen in einer Schule – der Begrüßung – scheitern sollte. In dieser ausgeprägten Form passierte mir das tatsächlich erstmals in meiner langen Dienstzeit.

Alles, was ich als Lehrer gelernt hatte, mir auch in einem Pädagogikstudium theoretisch und praktisch erarbeitet und vertieft und in vielen Dienstjahren angeeignet hatte, war binnen einer Minute zunichte gemacht.

Mein berufliches und privates Repertoire als erfahrener Lehrer, Exdirektor, Mann mitten im Leben, meine Größe von 190 cm, mein Übergewicht und meine damit wuchtige Gestalt, all das »beeindruckte« nicht.

Selbst jetzt noch, Jahre danach, wenn ich mir die Situation vergegenwärtige, bekomme ich Wutanfälle und manchmal sogar noch Schweißausbrüche. Nachhaltig traumatisiert könnte man das nennen.

Ich war als Lehrer nicht erwünscht oder vielleicht besser, nicht zur Kenntnis genommen, nicht gefordert, nicht gefragt. Vielleicht aber hatten die Schüler auch Angst vor mir, war ich doch noch nicht berechenbar für sie. Wann immer ich auch in den ersten Wochen meiner Arbeit in dieser Wiener Schule auf diese Rolle zurückgriff, also Lehrer war bzw. sein wollte, was ich seit Jahren war und bin, scheiterte ich! Von der ersten Minute an schlug mir eine Respektlosigkeit entgegen, wie sie mir noch nie widerfahren war.

Dieses Scheitern äußert sich wie folgt: Man verliert dabei mit jeder Anrede, Ermahnung, Zurechtweisung, mit jeder Anordnung, man verliert schlichtweg sein Gesicht, denn man ist ohnmächtig, wenn der Gegenspieler, sprich der Schüler, als Partner im Unterricht, außerhalb der gesellschaftlichen Normen, der erwarteten Verhaltensweisen steht.

Wenn gesellschaftsübliche Verhaltensweisen, Spielregeln keine Gültigkeit haben, entsteht Chaos, überall im Leben, im Straßenverkehr, im Umgang mit Mitmenschen, in der Familie, mit Behörden, mit Aufsichtsorganen oder wem auch immer.

Ein derartiger Schüler oder eine solche Person im Alltag negiert Normen, anerkennt keinerlei Autorität, weder die des Wissens und Könnens, des Amtes, des Alters, keine.

In pädagogischer Sicht verpufft jegliche Art von Motivation, jeglicher Aufbau eines Spannungsfeldes, wie es bei Lernenden öfters entsteht und im Sinne der Lernpsychologie befruchtend wirkt. Nicht einmal eine zu erwartende Neugier, wer und wie ist denn der neue Lehrer, was hat er vor, was hat er »drauf«, half mir dabei.

Respektlosigkeit, ständige Provokation und das Wissen um die Ohnmacht des Lehrers, die begrenzte Handhabe von Disziplinierungen, die totale Ignoranz und das persönliche Bewusstsein oder vielleicht nur das Gespür dieser Schüler, irgendwie gescheitert zu sein, sind die »Waffen«, die diese Schüler dabei ständig gebrauchen.

Immer wieder betonen sie, wenn sie bewusst negativ agieren, also wissen, dass sie etwas Ungebührliches tun, sich nicht zu fürchten:

> »Wollen Sie jetzt die Polizei holen? Machen Sie sich nicht
> lächerlich! Oh, da fürchte ich mich aber! Sie / manchmal
> auch DU und die Schule, geh'n ma / gehst ma am Oarsch
> vorbei!«

Diese Provokationen werden immer wieder stereotyp vorgetragen.

Dabei sind sie es, die oft mit Anzeigen drohen, sich auf das vermeintliche Gesetz berufen. Auf normalste notwendige Fragen erfolgen folgende Antworten:

> »Das dürfen Sie nicht, ich war gar nicht da, Sie dürfen
> mich nicht prüfen, ich zeige Sie an, was geht Sie an, wie
> mein Vater heißt, wo ich wohne, wir haben Datenschutz,
> Sie geht das gar nichts an, lassen Sie mich und meine Fa-
> milie in Ruhe, das sage ich nicht!«

So einige Schimpfkanonaden bzw. Verweigerungen, die immer wiederkommen.

Mit einem Wort, sie – diese auf Recht pochenden Schüler – waren aus Regeln und Normen, einsichtigen Verhaltensmustern schon längst ausgestiegen oder hatten sie von Anbeginn niemals erlebt, weil sie niemand eingefordert hatte.

Offensichtlich fehlt eine Art Konfliktmanagement im Argumentieren, offensichtlich hat auch das Elternhaus kaum die Durchsetzungskraft von Regeln und Normen. Nicht selten fragen besorgte Eltern nach, ob ihre Kinder in der Schule sind, oft wissen Eltern nicht, dass ihre Kinder nicht in der Schule sind, wenn man anruft und kommunizieren will, wo der Schüler ist bzw. warum er fehlt. Oft wissen aber Eltern dann auch gar nicht, wo ihre Kinder sind, wenn diese mehrere Tage unauffindbar sind und Polizei und Jugendamt ebenfalls bei der Auffindung scheitern.

Diese Schüler haben nichts mehr zu verlieren, verleugnen sich selbst und schätzen ihre zukünftigen Möglichkeiten kaum ein, weil ihnen jede Art von Perspektive fremd ist. Oder sie provozieren mit Äußerungen, dass man auch ohne Job und Ausbildung in diesem Land leben könne, man ja Recht auf soziale Wohlfahrt habe und wer so blöd sei, zu arbeiten, sei selbst dafür verantwortlich.

Sie haben auf der anderen Seite auch die persönlichen Instrumente für das Eigenbild nicht, sie überschätzen sich oft maßlos, sprechen von weiterführenden Schulen, Studium, Traumberufen wie Tierarzt, Rechtsanwalt, Pilot oder Ingenieur, haben dabei aber völlig den Bezug zur Realität verloren.

Nicht nur dass sie keinerlei Ahnung über den Ausbildungsweg, den Werdegang bis zu diesen erwähnten Berufen haben, es fehlt ihnen die Möglichkeit der Selbstreflexion, der Selbsteinschätzung ihres Leistungsstandes und Leistungspotentials. Ihr Leistungsbild ist im niedrigsten Level angesiedelt, manchmal sind sie an der Grenze zum Analphabeten.

Manchmal glaubte ich, das sei ein Witz, wenn einer von Anwalt oder Richter als Berufswunsch sprach, eine Provokation mir gegenüber, wollte den Schüler schon als überaus witzig und pfiffig »einstufen«, ehe ich bemerkte, es war purer Ernst. Völlig perplex musste ich diese Erfahrung mehrmals machen.

Da wird manchmal eine Traumwelt aufgebaut, zu der wir Außenstehende keinen Zugang finden. Es kommt nicht selten vor, dass Schüler, die in mehreren Fächern ein »Nicht genügend« erhalten haben oder auch ein »Nicht beurteilt« (weil fast nie anwesend) auf »Schulsuche« gehen.

Im wahrsten Sinne des Wortes sprechen sie in BHS und AHS-Oberstufenformen vor, um sich anzumelden. Mag sein, dass sie dabei für den Moment gute Vorsätze haben, ihr Leben komplett zu ändern, allein es fehlt das objektive Einschätzungsvermögen über eigene Befähigungen und Leistungsstandards.

Dieses Phänomen ist kein Einzelfall, immer wieder wundern wir Lehrer uns über die erhoffte Fortsetzung der Schullaufbahn. Manchmal machen sich dabei auch diese Schulen »schuldig«, wenn sie Hoffnungen wecken, positive Erwartungshaltungen schüren, um dann im letzten Moment doch noch abzusagen. Ganz arg ist es, wenn diese für eine höhere Schule absolut unqualifizierten Schüler dennoch aufgenommen werden und bis zum ersten Stichtag mit an Bord bleiben. Nur zweimal waren derartige Umstiege meines Wissens erfolgreich und der Schüler konnte tatsächlich reüssieren.

Irgendwann waren diese Mädchen und Burschen im Schulalltag gescheitert, überfordert (vielleicht sogar anfänglich unterfordert, war die Schule langweilig) und dann ist der Weg fast vorgezeichnet: Meist beginnt bei Schülern dieses Versagen schon im Volksschulbereich und zieht sich bis zum Ende der Schulpflicht und darüber hinaus durch.

Man meidet den Ort des Versagens dann natürlich komplett, stangelt monatelang, negiert Schulpflicht, Schulgesetze, meidet Eltern, Lehrer, schlechthin die Welt der Erwachsenen und taucht ab in eine »Subkultur«, einen völlig anderen Lebensrhythmus ohne Schule.

Manchmal wird dieses Abtauchen mit Wissen und Zutun der (hilflosen) Eltern vollzogen, manchmal kommen Eltern erst sehr spät auf die neue Befindlichkeit ihres Kindes drauf. Ja, es gibt Eltern, die nicht Herr der Situation sind, teilweise resignieren und fragen:

»Was soll ich denn tun? Ich kann ihn/sie net erschlagen!«

Manche Eltern tauchen ebenso ab wie ihre Kinder, sie heben den Telefonhörer nicht ab, reagieren auf keinen Brief, auch wenn er eingeschrieben ist, reagieren auf kein Klingeln an der Tür, nichts, nichts ermöglicht einen positiven Kontakt bzw. die Möglichkeit einer Kommunikation.

Es gibt viele Eltern, die auch die Möglichkeit eines Gespräches mit Lehrern nicht annehmen, Terminen fernbleiben, Sprechtagen oder die, wenn sie da sind, schlichtweg nicht kommunizieren können, weil es an Sprachkenntnissen fehlt. Oft übersetzt dann der Schüler, das eigene Kind, und ob tatsächlich die adäquate Übersetzung erfolgt, bleibt für uns dahingestellt, weil wir es schlicht und einfach nicht wissen.

Ich habe in den fünf Jahren meiner Arbeit in Wien sehr häufig erlebt, dass diese Jugendlichen, obwohl sehr jung und gar nicht redegewandt oder argumentativ stark, mit einer Konsequenz aussteigen, die fast schon wieder »bewundert« werden könnte. In diesem Punkt sind sie offensichtlich so verzweifelt, dass sie fast schon erwachsen agieren. Sie präsentieren eine Konsequenz, die einzigartig im weiteren Arbeitsbereich bleibt.

Es prallt alles ab, gutes Zureden, in Aussicht gestellte Belohnungen, Drohungen, Strafen, die fast unmöglich sind, weil sich der Katalog an Sanktionen sehr dürftig ausnimmt und sich diese oft über Monate hinziehen, dass der Schüler schon nicht mehr an der Schule ist, wenn eine Strafe ausgesprochen wird.

Es ist fast so, als ob man keinen Zugang mehr zu diesen Jugendlichen hat, man weiß nicht, was sie denken, fühlen und wollen. Möglich, dass sie sich einer »Peergroup« anvertrauen, Außenstehenden, nicht aber Eltern und Geschwistern und auch selten Lehrern. Offensichtlich ist manchmal auch die Familie nicht im Bilde! Ja man hört ab und zu, beispielsweise wenn das Mädchen einen Freund hat:

> »Mein Vater bringt mich um, wenn er das wüsste, bitte sagen Sie nichts meinem Vater!«

Einmal wurde ich sogar nach einem Frauenarzt gefragt, ob ich einen wüsste, einen empfehlen könnte. Die Eltern dürften davon allerdings nichts erfahren.

Sie verweigern jede Art von Kommunikation. Auf Aufforderungen, sich am Unterricht zu beteiligen, mitzutun, sich einzubringen rührt sich selten etwas.

Stereotype Antworten, wenn überhaupt sind:

> »Ich hab keinen Bock drauf, i mag net, i will net ... Was wollen Sie, lassen Sie mich in Ruhe, belästigen Sie mich nicht, machen Sie sich net wichtig! Das geht mir alles am Sack. Wenn ich will, dann kann ich das alles. Dazu brauch ich keinen Lehrer, Sie schon gar nicht!«

Oft bewerten sie auch den Lehrstoff:

> »Das braucht ka Mensch, das is Mist vom vergangenen Jahrhundert, hallo geht's noch, so an Blödsinn können Sie sich selber in Ihr verstaubtes Hirn einiziagen, Oida, was soll das, das is ja Volksschulkacke, Bullshit, i bin ja net deppert!«

Manchmal schieben sie sogar beleidigende Äußerungen wie:

> »Das geht mir am Arsch vorbei, schiabn das – Sie wissen schon wohin – unter die Vorhaut oder hinten eini oder sonst wohin!«

oder ähnliche Ausdrücke nach.

Einmal, in einer krassen Ausprägung von Auseinandersetzung konnte man hören:

»Geh scheißen, Oida!« »Nein, das mach ich nicht, ich will nicht, ich mach das nicht, sind Sie begriffstützig, kapieren Sie schlecht?« »Nein!«

Überhaupt größter Ausraster war dann einmal eine Ohrfeige für einen Lehrer oder ein anderer Schüler rannte in selbstzerstörerischer Absicht mit dem Kopf gegen die Wand oder in eine Glastür.

Vor derartigen Ausrastern muss man fast Angst haben bzw. sich Sorgen machen, zumal ein Erlebnis mit einem eher kleinwüchsigen, körperlich noch sehr kindlichen und schmächtigen Schüler aufzeigte, dass die Anwesenheit von vier Lehrern den Schüler nicht daran hinderte, auszurasten.

Es war ihm völlig egal, wer da zu intervenieren versuchte, ihm gut zuredete, ihn zurückhalten wollte. Er war außer sich geraten, ich habe bis dahin noch niemals ein derartiges »Außer-sich-Sein« erlebt bzw. gesehen.

Der Anlass des Ausrastens war eine schulübliche Pausenrempelei zwischen einem Nichtösterreicher und dem wesentlich schwächeren, kleineren österreichischen Schüler. Irgendwie geht es unterschwellig immer (oder sehr oft) um den Konflikt verschiedener Nationalitäten, verschiedener Verhaltensmuster, verschiedener Kulturen, einfach um Respektlosigkeit.

Man pöbelt sich an. Stereotyp erfolgt immer wieder dasselbe Muster, nichtige Anlässe, die dann in einer »Frage der Ehre« enden, nämlich der Beleidigung der Mutter!

»Was willst du, scheiß Hurenkind, ich fick deine Mutter!«

Man tritt sich gegenseitig auf die Füße, man spuckt sich an, beschimpft gegenseitig die Mütter (was sich wie ein roter Faden durchzieht und sehr, sehr oft Anlass für Raufereien und Streitereien ist). Dieses Muster war auch hier Auslöser, damit war der österreichische Schüler dann außer Kontrolle geraten.

»Ich fick deine Mutter, Hurensohn«,

eine stereotype, vielfach verwendete Worthülse, war auch hier der Anlass für den Totalausraster.

Dieser Ausdruck und diese Provokation ist – wie gesagt – fast ein Klassiker für Raufhandel und chaotische, fast kriegerische Zustände. Ich meine damit die Heftigkeit und Länge der Auseinandersetzungen. Das zog sich dann mitunter auf »Facebook« weiter hin und endete sogar einmal mit einem Auftritt einer Mutter in der Schule vor einem Schüler.

Meine Anwesenheit im Pausengang nahm sie dabei gar nicht zur Kenntnis oder sie war so in Rage, dass sozusagen auch diese Mutter außer sich war:

> »Was willst du, mich ficken? Blöd herum reden, deppat sein, i bin da, ficken willst mi, du Burscherl, na dann komm, probiers, das schau i ma an! Wenn du mei Tochter no amal beleidigst, anmachst, bedrohst oder weiter blöd vom Umaficken reden willst, dann lernst mi kennen, verstanden? Dann gibt's Konsequenzen! Verstanden?«

Und weg war sie, ebenso rasch, wie sie gekommen war.

Zurück zur Rauferei. Dieser besagte kleinwüchsige Schüler im oben geschilderten Vorfall bekam einen Wein- und Schreikrampf, schlug auf den wesentlich größeren Kontrahenten ein, und als wir Lehrer beruhigten und dazwischen gingen, schlug der Schüler mit einem Besen auf Lehrer und Gegner ein, rannte mit dem Kopf in absolut selbstgefährdender Art und Weise gegen die Wand, die Glastür, schlug auf einen Metallkasten ein, dass der verbeult wurde, und war nicht zu bändigen.

Dieses Ausrasten zeigte Rötungen und Schwellungen auf seiner Stirn, seine Hände waren blutig, all das hinderte ihn nicht, weiterzutun. Offensichtlich spürte er im Moment keine Schmerzen. Er war wohl in Affekt geraten.

Letztendlich lief er davon und musste von uns sozusagen in das Schulhaus zurückgeholt werden, was sehr schwer gelang.

Dieser Vorfall, der leider keinen Einzelfall darstellt, allerdings in der Heftigkeit schon, zeigt, dass großes Aggressionspotential in den Klassenverbänden vorhanden ist. Die Klasse ist dabei ein Zufallsaggregat, die Zusammensetzung erfolgt willkürlich, vielleicht nach gewissen administrativen Kriterien, aber größtenteils nach dem Zufallsprinzip.

Kommt es zu einer Anhäufung von Schülern verschiedener Nationalitäten, die dazu noch in der Vergangenheit in einem Krieg verwickelt waren, setzt sich das Problem mitunter auf Klassenebene fort:

> »Scheiß Albaner, scheiß Tschetschene, scheiß Türke, Kurde, wo ist dein Land?« »Tschusch, Zigeuner! Scheiß Serbe! Scheiß Bosniak! Ich fick deine Mutter!« (eine Steigerungsstufe dabei ist: »Ich hab deine Mutter gefickt!«)

Das sind einzelne »Kostproben« derartiger Auseinandersetzungen.

Gesichert ist auch, dass bei derartigen »Mutterbeschimpfungen« alle Sicherungen durchgehen und aggressivstes Raufen und Toben damit entschuldigt wird:

»Er hat meine Mutter geschimpft!«

In einem gleichgelagerten Fall in der Steiermark rastete erst unlängst ein Mädchen derart aus, dass es zum Messer griff und einen 15-jährigen Mitschüler niederstach, in U-Haft genommen wurde und später in einem Gerichtsverfahren dafür belangt wurde und eine mehrjährige Haftstrafe antreten musste.

Einig sind sich diese verfeindeten Nationen aber sofort, wenn es gegen österreichische Schüler geht. Nicht selten gibt es dann solche Verbrüderungen gegen Österreicher. Es kommt mitunter zu Clanbildungen. Ich habe derartige Vorfälle öfters wahrgenommen, habe immer wieder mit meinen Kollegen interveniert und Schüler für dieses Verhalten abgemahnt, einmal einen Schüler suspendiert und zum Großteil, aber nicht immer, diese Handlungsweisen unterbinden können.

Eine nachhaltige Verhaltensänderung herbeizuführen scheint unmöglich zu sein. Diese Erfahrung machte ich auch bei Urteilen des Jugendgerichtes. Nur in den seltensten Fällen, meiner Erinnerung nach nur einmal, war eine merkliche Verhaltensänderung nach einer Verurteilung festzustellen. In der Regel sind die Jugendlichen dann meist Dauerkunde beim Gericht oder zumindest bei der Polizei.

Nicht selten mussten wir Lehrer einschreiten, wenn sogenannte »Ausländer«, die sogar sehr oft schon einen österreichischen Pass haben, österreichische Kinder terrorisierten. Dies ging in einem Fall so weit, dass Mütter ihre Töchter von der Schule nehmen wollten, weil sie andauernd gröbst beschimpft, beleidigt und belästigt wurden. Einige Beschimpfungen:

»Du Hure, du bist so hässlich, dich will eh keiner ficken, du bist richtig grausig, du Fotze!« Ein anderes Mal: »Du Hure, du lasst dich von allen ficken, warum nicht von mir? Blas mir einen!«

Zwei, drei Österreicherinnen wurden in dieser Weise derart massiv beschimpft (in dieser Aggressivität natürlich meist hinter dem Rücken der Lehrer). Lediglich die Androhung des Schulausschlusses der besagten Beleidiger durch die Direktion beendete die Beschimpfungen. Die Einsicht, etwas falsch gemacht zu haben, fehlte weiterhin.

Jede Art von Intervention von uns traf vorerst auf Ablehnung, es konnte lange Zeit keine Verhaltensänderung herbeigeführt werden. Eben erst die Androhung der Suspendierung, massive Aufarbeitung und persönliche Betreuung durch eine Psychagogin schafften Abhilfe. Völlig einsichtig waren diese Schüler dann zwar immer noch nicht, aber immerhin stellten sie dieses rüde, absolut untragbare Verhalten ein.

Fest steht aber, dass diese Verhaltensweisen und Auswüchse immer wieder auftreten, dass sie alltägliches Erscheinungsbild sind und latenter »Terror« ausgeübt wird:

> »Was schaust du so blöd, dreh dich um, wirst du heute abgeholt, dann hast du Glück, sonst fetz ich dich!«
> »Schleimer, was machst du da?« (ein Schüler gab als einziger sein Hausübungsheft ab),
> »Behinderter!« (derartige Ansagen sind auch an der Tagesordnung) »Ich gebe dir Faust!« »1 gegen 1, komm!« (so die Einladungen zum Raufhandel an den vermeintlichen Gegner).

Sehr oft beobachtete ich das Verhalten muslimischer Burschen, die mitunter den Hang bzw. die Neigung haben, Mädchen als Dienerinnen anzusehen.

> »Heb auf, bring her, gib her, steh auf, mach Platz, gib, zeig, schleich dich, gib Handy, gib Zigarette«, sind so die Befehle.

Selbst von Lehrern konkret an sie gerichtete »Befehle«, »räum deinen Platz zusammen, heb das Papier unter deinem Tisch auf« oder Bitten, sich allgemein beim Aufräumen einzubringen, werden weiter delegiert und dem Lehrer gegenüber wird dann folgend argumentiert:

> »Warum ich, das macht sie, die Behinderte, die xy, warum ich? Ich kann gar nicht putzen, ich brauch das auch zu Hause nicht, das macht meine Mutter, meine Schwester!« Und im gleichen Atemzug dann an irgendein Mädchen gerichtet: »Schlampe, mach das!«

Offensichtlich ist da ein falsches Frauenbild manifestiert und erkennbar. In krassesten Fällen gab es Schüler, die sich auch von Lehrerinnen absolut nichts sagen lassen wollten, absolut ein Problem mit Frauen hatten und lediglich auf Anweisungen von Männern reagierten.

Von derartigen Problemen berichten auch immer wieder nette, verzagte, muslimische Mädchen, die ab und zu die Nähe suchen und ihr Herz ausschütten wollen. Es ist mitunter wirklich befremdend, was diese Mädchen ihrer Schilderung nach erdulden müssen, wie sie sich offensichtlich schicksalsergeben mit ihrer Rolle und Situation abfinden.

Ein wirklich nettes, fast 16 Jahre altes Mädchen vertraute sich mir an und meinte, es dürfe nichts tun, es sei überkontrolliert, es müsse über jede Minute Rechenschaft ablegen.

Der Schulweg dauerte zehn Minuten, und wenn sie etwas über der Zeit war, gab es sofort Vorhalte des Vaters: »Wo warst du, hast du Burschen getroffen, was hast du gemacht?«

Es musste Rede und Antwort stehen für »nichts«, wie es sagte. Der Vater reagierte sehr oft aggressiv. In Rage und Wut geraten, nahm er einmal dem Mädchen sogar das Handy weg, entfernte die Simkarte und zerbrach sie und warf sie aus dem Fenster. Sie sei eine »terrorisierte Tochter«, meinte sie.

An Wochenenden sei sie sozusagen von Freitag bis Sonntag unter absoluter Kontrolle, dürfe sich nur im Familienverband bewegen und habe keine Möglichkeit, sich einmal für sich zurückzuziehen oder gar etwas alleine zu unternehmen.

Ihr 12-jähriger Bruder habe mehr Rechte als sie, er beschimpfe und schlage sie auch und fordere sie ständig auf, sich aus Facebook zu entfernen, den Account zu schließen.

Derartige Schilderungen sind kein Einzelfall, ein anderes Mädchen mit demselben Hintergrund schilderte ebenfalls Repressalien durch den »kleineren Bruder« und beklagte sich auch, dass die Mutter nicht eingreife und auf Seite des Ehemannes stehe, der großen Druck ausübe.

Dieses Mädchen klagte auch über Mangel an Zuwendung, ungerechte Behandlung und Gefühlskälte ihm gegenüber.

»Wenn mein Bruder ein Sehr gut bei einer Schularbeit schrieb, wurde er gelobt und auch mit Geschenken belohnt! Wenn ich auch eine so tolle Note nach Hause brachte, meinte meine Mutter nur »Aha« und Geschenke gab es sowieso nicht.«

»Wenn ich mir etwas wünschte, dauerte es Jahre, bis ein Wunsch erfüllt wurde, wie beim Handy! Mein Bruder bekam schon eines mit 10 Jahren, ich musste bis zum 13. Geburtstag warten.«

Ihr Bruder beobachte sie auch, kontrolliere sie, verpetze sie und habe alle Rechte, während sie, vier Jahre älter, eben nur die Tochter sei.

In einem anderen Fall gab eine Kollegin eine negative Note und der Vater aus dem mittleren Osten kam zum Gespräch in die Schule. Er wollte und konnte mit der Kollegin aber offensichtlich nicht sprechen bzw. reden.

Obwohl ich nicht einmal in dieser Klasse unterrichtete, also mit der ganzen Sachlage nicht vertraut war, sondern lediglich im Konferenzzimmer saß, wischte der Vater mit einer Handbewegung die Kollegin zu Seite und erklärte mir sozusagen wildfremdem Lehrer, dass sein Sohn falsch beurteilt sei und er diese Note keinesfalls akzeptieren werde. Er sei Akademiker, habe hier studiert und wisse, was sein Sohn könne. Sein Sohn sei absolut verkannt und er könne mit dieser Frau da nicht arbeiten.

Soviel zum Frauenbild, das hier mitunter zum Tragen kommt und bereits von Schülern so umgesetzt wird.

Unter den Migranten sind also eindeutig Gruppenbildungen zu spüren, sogar zu erkennen, sehr oft nach Nationalitäten zusammengestellt, häufig auch nach der gemeinsamen Religion.

Moslems zeigen deutlich ihren Zusammenhalt, wobei die Gruppenbildung nach Geschlechtern getrennt erfolgt. Begrüßungsrituale wie die Stirnberührung, das Berühren der Fäuste, des eigenen Herzens sind da einzelne Beispiele.

Oft ist es lediglich der gemeinsame Interessenshorizont, verbindet das gemeinsame »Stangeln« und es liegt auf der Hand, dass bei negativen Entwicklungen sogar kriminelle Banden daraus entstehen können.

Ich habe das in den fünf Jahren mehrmals erlebt, so gab es türkische Gruppierungen und auch serbische und tschetschenische Vereinigungen, aber auch österreichische Banden. Leider waren hier

Polizei, Gericht und Gefängnis Wegbegleiter und bis zu vier Jahren Gefängnis wurden da in extremen Einzelfällen schon ausgefasst! Eigene Begrüßungsrituale zeigen also rasch, wer mit wem kann bzw. in einer näheren Beziehung steht. Sie verbringen die Pause gemeinsam, gehen gemeinsam auf die Toilette, verweilen unnötigerweise oft die gesamte Pause dort und müssen immer wieder rausgeholt werden. Sie stehen stets in der Gruppe vor und in der Schule und haben eine Verbundenheit über den Klassenverband hinaus, weil sie alle aus den anderen Klassen kennen, die denselben Hintergrund wie sie haben. Sehr oft sind sie auch miteinander verwandt. Manchmal kann man sogar von einer Gang oder Rotte sprechen.

Natürlich bindet auch die gemeinsame Sprache und trotz der Forderung, in der Klasse lediglich Deutsch zu sprechen, hört man immer wieder Unterhaltungen in den diversen Landessprachen.

An und für sich ist die deutsche Sprache in der Schule gefordert, das hindert aber nicht, beispielsweise doch Türkisch zu sprechen.

> In einer Klasse setzten sich drei Türken absolut über dieses Verbot hinweg, redeten in der Stunde, außerhalb der Stunde ständig Türkisch. Selbst jede Art von möglicher Sanktion, wie die Schulordnung abzuschreiben, half nichts. Im Gegenteil, sie nützten ihr Verhalten für Gegenangriffe auf Lehrer.

Das kommt immer wieder vor, auch dann, wenn eine Note »nicht passt« oder ein Verbot ausgesprochen wird oder eine Anfrage nicht nach dem Willen des Bittstellers beantwortet wird. Immer wieder werden völlig ungerechtfertigte, damit also freche Vorwürfe und Vorhalte gemacht:

> »Was haben Sie gegen Ausländer, Sie mögen Türken (Ausländer) nicht, Sie behandeln Ausländer nicht so nett, Sie hassen Ausländer, sind Sie Nazi? Den Österreichern geben Sie immer bessere Noten! Sie geben mir nur ein Nichtgenügend, weil ich Türke bin!«

Diese absolut unqualifizierten und in keiner Weise gerechtfertigten Anschuldigungen machen natürlich besonders betroffen und erregen bei mir, ob dieser infamen Vorgangsweise, schweren Ärger und großen Unmut.

Manchmal tauschen sie auch Musikproben (auf ihren Handys gespeichert) aus und orientalische Klänge bringen sie in Verzückung und westliche Musik gewohnte Lehrer-Ohren eher zur Verzweiflung, wegen des einfach »raunzenden, ungewohnten fremden Tones oder sogar Gesanges«, wie ein Schüler einmal formulierte.

Oft sind sechs bis acht Nationen in einer Klasse versammelt und mitunter kommt es eben dadurch leider zu Spannungsfeldern bis zu ärgeren Streitfällen, gegen die aufzutreten ist.

Einig ist man sich gegen Österreich, viele wollen keine Staatsbürgerschaft, wollen mit Österreich nichts zu tun haben, so die Antworten auf die Frage: »Bist du gern in Österreich, möchtest du da bleiben?«

Gleichzeitig sprechen sie vom Recht, hier zu sein, hier zu leben und das österreichische Sozialsystem zu benutzen. Dafür seien wir zuständig, es sei ihr Recht, nachdem sie nun mal da sind.

Eine nette Anekdote dazu:

> Ein Kollege von mir bemühte sich mittels Dolmetsch einem Neuzugang aus dem Iran in der Mitte des Schuljahres aufzuzeigen, wie das Schulleben da so abläuft, welche Fächer der Bursche habe, welche Berufsorientierung er machen solle, wie genau das Ganze vonstatten geht. Nach einer halbstündigen Belehrung und Übersetzung des Dolmetschers erwartete der Kollege Fragen und bat um diese: Es kam keine einzige zur Schule, zu den Fächern, zur Unterrichtszeit, zu Unterrichtsutensilien, zur Jause oder in irgendeine Richtung, nein, zwei kurze wichtige Fragen wurden aber gestellt: Kurz und bündig, ohne Zögern sprach plötzlich der Junge:
>
> »e-Card? Straßenbahnkarte?«
>
> Diese beiden Sozialleistungen Österreichs und der Stadt Wien waren ihm bewusst, seine ersten Worte in der neuen Sprache, die wurden sofort hinterfragt und abverlangt.

Es scheint überhaupt so zu sein, wenn auch diese Schüler teilweise an unserer Schule und unserer Lebensform überhaupt nicht interessiert sind, wissen sie alles über soziale Möglichkeiten, soziale Leistungen, Schlupfwinkel und Machbarkeiten.

Mit einigen Ex-Schülern hatte ich offensichtlich doch so eine Basis aufgebaut, dass mich einige wenige dieser nun seit 4 Jahren aus der Schule befindlichen Schüler um Rat fragten.

Es geht immer wieder um Sozialleistungen, um Arbeitslosigkeit, wie kommt man zu Geld vom AMS, wer die Spitalskosten für die Entbindung zahlen könnte, ob man sich nicht adoptieren lassen könnte, wenn die Eltern damit einverstanden seien und man ohne Job und Aufenthaltsgenehmigung da stehe.

Sie wissen nichts oder wenig über Österreich, aber sie wissen alles über den österreichischen Staat und seine sozialen Schlupflöcher, nur nichts, was ihnen zu einem Berufseinstieg und Arbeit verhelfen könnte. Meist sind dies Migranten aus dem Süden Europas, weniger Türken und Tschetschenen. An einem Berufseinstieg sind sie nicht interessiert und lehnen dies kategorisch ab. Leider sind das keine Einzelfälle, so denkt und tickt ein Großteil der Unvermittelbaren.

>>Ich hol die Arbeitslose, ich brauch nicht arbeiten, ich brauch keine Schule, ich lebe so, Sie verstehen das nicht! Mein Vater und Onkel sind schon Jahre arbeitslos, wir leben gut, manchmal arbeiten sie auch schwarz!<<

Diese von mir geschilderten Zustände beziehen sich nicht nur auf die angesprochenen Kooperationsklassen, sondern auch auf Klassen in der Polytechnischen Schule (PTS) oder der Fachmittelschule (FMS).

Fazit?

Man erkennt die Problemfelder, man zeigt auf, lädt zur Gemeinsamkeit ein, sucht das Gespräch mit den Eltern, man geht gegen Auswüchse vor, man will helfen und verbessern, aber man stößt dabei oft auf große bis sogar absolute Ablehnung, Unverständnis und sogar sehr oft auf Aggression.

Manchmal besteht keine Möglichkeit, in irgendeine Art der Kommunikation einzutreten. Man versucht soziale Kompetenzen aufzubauen, Charaktertugenden zu forcieren, zu coachen, zu begleiten, meist jedoch bleibt der Erfolg aus. Es ist fast zum Verzweifeln, keine wie immer geartete Saat geht auf.

Irgendwie und irgendwann resignieren dann alle, die Eltern, das zu Hilfe gerufene Jugendamt, die Lehrer. Man greift auf die systemischen Möglichkeiten zurück, das amtliche Prozedere, setzt dann sogenannte Feststellungsprüfungen an und beurteilt den Schüler nicht, wenn er nicht zu dieser Prüfung erscheint. Wie auch?

>>Nicht beurteilt<< steht dann serienweise im Zeugnis, was Insider, wie ich mir habe sagen lassen, als >>nicht brauchbar<< lesen. Der weitere Weg ist bestimmt. Kein Schulabschluss, lediglich Verwandtschaftsbeziehungen und Wohltäter helfen ab und zu, doch noch die Kurve zu kriegen. Man >>verschult<< sich weiter, taucht in

eine vermeintliche Lösung ab. In Wirklichkeit ist es eine Scheinwelt, die Entscheidungen übertüncht.

Unser System sammelt diese gescheiterten Jugendlichen in Kooperationsklassen, PTS-Klassen, um sie nochmals an die Möglichkeit eines Hauptschulabschlusses heranzuführen bzw. bei den PTS, sie für die Berufswelt tauglich zu machen und vorzubereiten. Doch sehr oft scheitert auch dieser Versuch. Ursachen und Gründe dafür werde ich später genauer anführen.

Nunmehr befasst man sich neuerdings in der Regierung auch mit diesem Problem und aktuell sprechen einzelne Minister von einem verpflichtenden Ausbildungsprogramm bis zum 18. Lebensjahr. Man will offensichtlich nicht mehr der dargestellten Situation weiter untätig zuschauen und versucht Akzente zu setzen, die Jugendliche, wenn es auch bis zum 18. Lebensjahr dauern sollte, zu einem Abschluss bringen, der zum Berufseintritt führen soll.

Es bleibt abzuwarten, wie ernsthaft dieser Vorschlag umgesetzt wird und wie vor allem die bislang untätigen und schulfernen Jugendlichen damit umgehen werden, bis zum 18. Lebensjahr an einer »Miniausbildung«, einem Hauptschulabschluss etwa, sitzen zu müssen.

Wie es scheint, wird dies gar nicht so sehr goutiert. Im Gegenteil: Für und Wider werden öffentlich diskutiert und man richtet sich über die Medien die Standpunkte und Meinungen aus.

Ich war also angekommen in Wien, wo schon – wie bereits ausgeführt – bei der Einfahrt in diese Stadt informiert und in meinem Fall vorgewarnt wird: »Wien ist anders«.

Wie anders, das ist, wie schon dargelegt, Inhalt dieses Buches, nicht geschönt, aber auch nichts erfunden. Ich habe all das, was hier niedergeschrieben wurde, in fünf Jahren an dieser Schule persönlich erlebt, alles festgehalten, also dokumentiert, weil ich schon sehr rasch erkannte, dass ich eine Art Supervision, Psychohygiene brauche, meine Gefühle zu Papier bringen musste, um diese Erlebnisse und Eindrücke bewältigen und verarbeiten zu können.

2
KOOPERATIONSKLASSEN UND STÖRFAKTOREN

Die Arbeit in manchen, vielleicht auch vielen Pflichtschulen Wiens ist schwer, in »Polytechnischen Klassen«, in »Fachmittelschulklassen« und einzelnen, sogenannten »Kooperationsklassen« besonders schwierig. Diese Arbeit verlangt beiden am Unterricht beteiligten Gruppen, also Schülern und Lehrern, sehr, sehr viel ab.

Sprechen wir vorerst über diese **Kooperationsklassen**, in denen Schüler sitzen, die bislang am Schulsystem gescheitert sind und lediglich einen meist negativen Abschluss der ersten, zweiten oder dritten Klasse einer Hauptschule aufweisen. Sie sind im richtigen Alter für die neunte Schulstufe, also 14 bis 15 Jahre alt, leistungsmäßig aber bei den Vorgaben für 11- bis 13-Jährige hängen geblieben.

Die Schüler haben oft wenig Spannkraft, ermüden rasch, sind wenig motiviert, desinteressiert und stören deshalb permanent den für einen Unterrichtserfolg notwendigen Ordnungsrahmen. Diese rasche Ermüdung – nicht selten schlafen Jugendliche im Unterricht ein – hat ganz einfach mit mangelndem Schlaf zu tun, mit Internetbeschäftigung bis tief in den Morgen hinein, wie ich sehr oft in Erfahrung bringen konnte. Es bestehen absolute Schlafdefizite bei mindestens 75% der Schüler. Auch hier ist das Elternhaus aufgerufen, sich konstruktiv einzubringen! Eltern sollten darauf achten, dass ausgeschlafene Schüler zum Unterricht kommen. Mitunter ist das Gegenteil der Fall. Internet, Fernsehen, Playstation halten die Kinder von einem geregelten Schlaf ab. Das alles passiert sozusagen vor den Augen mancher Eltern.

Lehrer arbeiten in diesen Klassen an der Grenze körperlicher und »nervlicher«, psychischer Belastbarkeit. Stets die Kontrolle über sich und die Klasse zu haben ist unglaublich anstrengend und es bedarf aller Kraft, um nicht einmal die Beherrschung zu verlieren, zu »entgleisen«.

Ein Kollege, der mich nur wenige Stunden in einer dieser Klassen vertrat, meinte nachher:

> »Das kann ich nicht, ich bewundere dich, ich würde wahrscheinlich ins Kriminal kommen, ich könnte mich nicht zurücknehmen und zurückhalten.«

Er meinte damit wohl, dass er vielleicht einmal die notwendige Zurückhaltung verlieren könne und beleidigend würde oder die Contenance generell verlöre.

Dabei kann man nicht alles und nicht alle über einen Kamm scheren. Nicht vergessen darf man in diesem Problemkreis dabei auch das Elternhaus oder auch Sozialarbeiter, die die Eltern in Wohngemeinschaften vertreten. Alle sind in diese schwierige Situation eingebunden.

Es sind die vielen **Einzelsituationen** im Unterricht, in den diversen Klassen, in den Kooperationsklassen besonders, die in der Gesamtheit dann eine Stimmung und Befindlichkeit in der Klasse aufkommen lassen, die manchmal im wahrsten Sinne des Wortes nicht zu ertragen sind.

Oft sind 20, 30 Minuten einer Unterrichtsstunde nur für Disziplinierungen aufzuwenden, um den Ordnungsrahmen herzustellen oder Kämpfe, Streitigkeiten unter Schülern zu lösen und abzustellen.

Ein Großteil der Zeit muss dazu verwendet werden, die Schüler zu einer aktiven Mitarbeit zu bewegen. Totalverweigerer sind sehr oft in diesen Klassen anzutreffen. Es gibt nichts, weder Lob noch Tadel, um diese Schüler zur Mitarbeit zu bringen. Sie sitzen, schlafen, lümmeln herum, strecken die Füße auf der Schulbank dem Lehrer entgegen, wobei noch hinzu kommt, dass diese Schüler meistens in Socken herumlaufen, keine Hausschuhe besitzen und demnach arg verschmutzte Socken gegen den Himmel strecken. Man kann durchaus auch von Unappetitlichkeit sprechen, die da präsentiert wird.

Wenn sie nicht mit dem Handy beschäftigt sind, nicht am Unterricht teilnehmen, stören sie durch lautes Reden, necken und beflegeln sich, bis es dann meist in Streit ausartet. Oder sie tauschen sexuelle Geheimnisse aus, »kuscheln« in der Schulbank und provozieren durch Handlungen, die eher in ein Schlafzimmer als in ein Schulzimmer gehören.

Fast alle Versuche, diese öffentlichen Diskussionen und völlig unnötigen Outings über Befindlichkeiten, Sexualität, über Verhaltensweisen von Mitschülern, von eigenen Erlebnissen zu stoppen, schlagen fehl. Es bedarf großer Energie und Anstrengung, diese Art der »Unterhaltung« zu unterbinden, sie während des Unterrichtes fernzuhalten.

»Was haben Sie, sind Sie schüchtern (gemeint ist wohl prüde), das ist das Leben, Mann, das gehört zum Leben, Mann, wie alt waren Sie beim ersten Sex? Das ist normal, das brauchen wir!«

Diese angesprochenen öffentlichen Darstellungen intimster Dinge und auch die erwähnten **Streitigkeiten** gehen quer durch Schülergruppen. Oft haben sie auch nationalen Hintergrund, oft werden sie mit einer Heftigkeit und Gewaltbereitschaft ausgetragen, dass man es nicht für möglich halten würde. Wer glaubt, dass diese Gewaltbereitschaft eine burschenbezogene Eigenheit ist, der irrt.

Es fällt überhaupt auf, dass Mädchen in diesen Klassen bzw. Schulen sehr oft den Burschen in der Gewaltbereitschaft gleichzustellen sind. Da gibt es ebenso Gerichtsverurteilungen, schwere Körperverletzungen, brutal von Mädchen anderen Mädchen zugefügt. Gerade unlängst wiederum (Februar 2014) berichtete die *Krone* über einen heftigen Streit zwischen Mädchen in einer Wiener Schule, wobei Rettung und Polizei ausrücken mussten.

Ich erinnere mich an heftigste körperliche Attacken zweier Türkinnen, die über lange Zeit beste Freundinnen waren und plötzlich in eine heftige Feindschaft gerieten, die nicht nur mit üblichen, ordinären verbalen Beschimpfungen ausgetragen wurde, sondern heftigste Kämpfe und Ohrfeigen nach sich zog.

»Hure, Schlampe«, waren die weniger ordinären Beschimpfungen und natürlich wurde auch die Familie in »Sippenhaftung« genommen. »Deine Mutter ist eine Schlampe, dein Vater ist hässlich, findet keine Arbeit, er will ein Macho sein und ist nur peinlich!«

Ursache für den heftigen Streit der vormals besten Freundinnen war, dass ein Mädchen zuhause »auspackte« und sich der Mutter anvertraute. Das Mädchen erzählte von den vielen Schwänzereien, der Ursache von Nicht-Beurteilungen und auch, dass man »Gras« probiert habe, also Marihuana geraucht habe.

Das andere Mädchen empfand dies als Hochverrat und dementsprechend heftig verliefen die Auseinandersetzungen wie Raufhandel, Verfolgungen in der Straßenbahn, der U-Bahn und zusätzlich noch Bedrohungen.

Die Schule reagierte mit einer Trennung der beiden Mädchen und versetzte ein Mädchen in eine andere Klasse. Dennoch trat keine Beruhigung ein.

Eltern und Mädchen versammelten sich in der Schule, es gab Aussprachen, Schuldzuweisungen und irgendwann wurde dann eine Art »Frieden« vereinbart. Diese Vereinbarung hielt genau den Vormittag, denn am Ende des Unterrichtes gab es eine richtige Schlacht vor der Schule, Gewaltattacken, Drohungen, Bedrohungen, die sich die gesamte Länge des Schulweges hinzogen, bis zum Wohnblock, wo eine der Schülerinnen wohnte.

Noch ein Beispiel für **Gewaltbereitschaft** und die Heftigkeit, mit der Auseinandersetzungen ablaufen.

Einmal, es war ein Faschingsdienstag, in einem anderen Schuljahr, rastete ebenfalls ein bereits polizeibekanntes Mädchen mit Migrationshintergrund aus, sprang auf, öffnete das ebenerdige Fenster, sprang hinaus und ohrfeigte ein Mädchen, das gerade im Schulhof war und das Papier entsorgte, wegen eines vorangegangen Streites.

Letztendlich endete diese Geschichte bei der Polizei und im Gefängnis. Unglaublich, aber wahr: von der Schulbank ins Gefängnis. Der Grund dafür war nicht die Ohrfeige, sondern das zahlreiche Diebesgut, das dieses Mädchen mit sich herumtrug und das bei der Vernehmung dann zum Vorschein kam.

Zurück zum Schulalltag. Dieses ständige Eingreifen und Einschreiten in Schülerstreitigkeiten gilt nur für spätere Tageszeiten, also ab 9.00 Uhr etwa. Denn in der ersten Stunde benötigt man ca. 20 bis 30 Minuten, die Schüler, die fast täglich im selben Rhythmus zu spät eintrudeln, in den Unterricht mit einzubinden.

Es besteht in der Meinung dieser Schüler wohl eine Art »gleitende Arbeitszeit«, man kommt, wann man will. Entschuldigungen sind eine Farce, wenn sie überhaupt formuliert werden. Wenn etwas als Entschuldigung angeführt wird, dann ist es stereotyp der Verweis auf die fehlende Straßenbahn, auf Verkehrsprobleme oder Unfälle.

Es kommt nicht selten vor, dass wir zwei Lehrer im »Zweilehrersystem« (damit reagiert das System auf den Schwierigkeitsgrad des Unterrichtens) in der ersten Stunde 10 Minuten auf unsere ersten »Gäste« warten oder gerade einmal einen oder zwei Schüler zu Beginn des Unterrichtes antreffen. Es gibt tatsächlich 1:1- oder 2:2-Momente, ehe dann weitere Schüler eintreffen. Zwei Lehrer, zwei Schüler, ein intensiveres Unterrichten gibt es gar nicht!

Irgendwie leiden alle unter dieser **Unpünktlichkeit und Ignoranz** dieser Schüler, die permanent zu spät kommen. Manche Schulen helfen sich oder versuchen sich zu helfen, mit einem Schwerpunkt des Monats, wie etwa in einer Schule zu lesen war: Unser Schwerpunkt des Monats: **»PÜNKTLICHKEIT«.**
Auf meine Hinterfragung, wie das funktioniere, erntete ich lediglich mitleidiges Lächeln.

»Überhaupt nicht, es ist doch völlig egal, welchen Schwerpunkt wir setzen, solange Möglichkeiten einer Sanktionierung nicht vorhanden sind«, war die Antwort einer Kollegin.

Keine Ahnung vom Stundenplan, **keine aktive Arbeitshaltung** ist ein weiteres sehr zermürbendes Situationsbild und ständiger Alltag.

»Was haben wir jetzt?« Diese Frage stellt sich an einem Vormittag zirka 100 Mal! »Wo hast du dein Heft, dein Buch?«, ist ebenso oft von Lehrern zu hören. »Ich find nichts, ich weiß nicht, muss mir gestohlen worden sein!«

Reflektorisch wird irgendjemand oder irgendetwas, natürlich völlig frei erfunden, vorgeschoben.
Traurig, aber wahr sind auch folgende Äußerungen:

»Ich hab nichts zum Schreiben, wer hat einen Kuli?« »Wer hat einen Radiergummi?« »Was heißt Zirkel, Lineal, Geodreieck? So was habe ich noch nie gehabt!«, ist dann der nächste Hit. Oder: »Haben Sie einen Zirkel, Mann? Wer braucht das? Das ist Schulmist!«

Ein weiteres Beispiel gefällig?

Ein Schüler aus einem mittelöstlichen Kriegsgebiet, der bereits mehrere Monate wegen diverser Raubüberfälle im Gefängnis verbracht hatte, kam dann wieder in die Schule zurück. Seine Anwesenheit war sporadisch, seine Arbeitshaltung komplett negativ, seine ihm übermittelten Unterrichtsutensilien hatte er ungefähr zwei Tage im Gesichtsfeld, dann fehlte wiederum das Mitteilungsheft, das Deutschbuch oder was auch immer.

Diesem Schüler gelang es stundenlang ohne irgendeine Beschäftigung zu sitzen, mit dem Handy zu spielen oder, wenn man ihm das abnahm, in die Luft zu starren. Obwohl schon viele Jahre in Österreich, war er in keiner Weise bereit, sich zu integrieren.

Ich fragte ihn einmal, ob er jetzt bald Österreicher werde und er sich darüber freue. Er lachte mich aus, würdigte dieses Ansinnen total herab und meinte: »Ich Österreicher? Nie!« Ein breites Grinsen und die eine entsprechende Handgestik untermauerten seine negative Einstellung zu Österreich.

Man kann sich vorstellen, dass das Leistungsbild dieses Schülers insgesamt sehr schwach ist, zumal er auch in seiner Heimat wegen des Krieges kaum die Schule besuchte und er somit am Rande des Analphabetismus einzustufen ist. Fairerweise muss man diese Umstände mit einbeziehen, wenn man das negative Leistungsbild sondiert und hinterfragt.

Nun, ich habe keine Antwort auf meine Frage, die ich mir immer öfter selbst stellte: Warum tut sich Österreich das an? Warum gewähren wir unsere gesamte Sozialinfrastruktur einem Menschen, der kriminell ist, besser, kriminell geworden ist, sich nicht integriert, nicht integrieren will, sich nicht in Inklusion befindet, im Gegenteil, sehenden Auges zum Sozialfall wird, keinen Beruf erlernen wird und kann, der Österreich verspottet, so ignorant und ungebildet ist, dass er die Tragweite seines Handelns gar nicht erkennt. Man kann fast von einem »Krankheitsbild« sprechen. Heilungserfolg gibt es wohl kaum einen, wenn der »Patient« partout nicht mitmachen will.

Sind einzelne Schüler für den Unterricht bereit, stellen sie sich letztlich doch den Aufgaben. Dann muss man aber wissen, dass eine »normale, gewohnte Unterrichtsvermittlung« nicht möglich ist. Man muss alle pädagogischen Register ziehen, sehr nach unten nivellieren, um die Schüler nicht vor den Kopf zu stoßen und sie nicht zu überfordern. Es fehlen Konzentration, Motivation, Erfahrung und Leistungswillen, alles Basics, mit einem Wort: Der Schüler ist im besten Fall körperlich vorhanden, mehr aber nicht.

»So ein Scheiß! Wie meinen Sie das? Das kann ich nicht!« »Das pack ich nicht!« »Wer braucht das? Das lern ich nicht! Ich hab schon eine Lehrstelle! Ich mag jetzt nicht, ich bin müde! Das können Sie alleine machen! Mir geht der Tag heute am Arsch vorbei, ich will eine rauchen, ich geh jetzt nachhause. Hast du Tschick, (an andere Schüler gerichtet) gib, sonst fetz ich dich!«

Das sind dann eben die nächsten Hürden im Ranking, wenn man endlich bei einem Stoffgebiet angelangt ist! Aber es gibt noch viele weitere Probleme.

Konzentrationsschwächen, vermeintliche Überforderungen, das »LANGEWEILESYNDROM«, fast alles, was da an Unterricht passiert, ist in den Augen mancher Schüler langweilig. Unlust, schlicht auch Bequemlichkeit, um nicht gleich Faulheit zu sagen, sind weitere, erhebliche Störfaktoren. Tatsächlich entfernen sie sich dann manchmal unerlaubt vom Unterricht, verlassen die Schule einfach und verletzen damit ungestraft ein absolutes »NOGO« in der Schulordnung.

Es scheint sehr oft die Forderung an den Lehrer unausgesprochen herangetragen zu werden, als Entertainer zu fungieren. Schüler benötigen offensichtlich »Action«, einen Adrenalin-Schuss, den sie in Krimis und anderswo offensichtlich öfters bekommen.

»We entertain you«, das ist so die Vorstellung bzw. die Anforderung, die diese Schüler von und an die Lehrer haben.

Langweilig ist auch, einfach nur zu insistieren, einzumahnen, dass das Handy nicht benutzt wird, dass das in der zu Schulbeginn gemeinsam erarbeiteten Vereinbarung steht, dass Handys nicht benützt werden dürfen oder das Bemühen, einen halbwegs erträglichen Ordnungsrahmen und Lärmpegel zu gewährleisten.

Natürlich ist man dann aber schon nahe an der Verzweiflung, nahe am Bewusstsein seiner Ohnmacht, wenn man erkennt, dass Verhaltensänderungen offensichtlich nicht herbeizuführen sind. Es ist eine Art Resignation, Selbstberuhigung, die ich dann oft als Lösungsansatz sehe. Ich schone meine Gesundheit, verdränge meinen Ärger, meine Wut und lenke mich einfach ab, um nicht weiter mit diesen Problemfeldern beschäftigt zu sein. Das heißt dann konkret, ich fordere nichts ein, weil ich schon weiß, dass das nicht erfüllt wird und ich mich dann wieder darüber ärgere und verzweifle.

Manchmal ist es natürlich auch an der Tagesverfassung gelegen, wie man einen Konflikt wegstecken kann. An guten Tagen spielt oft ein größerer Vorfall nicht diese Rolle wie an schlechten Tagen. Da genügt oft der kleinste Ansatz. Ich wundere mich dann oft selbst über mich.

Ein Stundenplancheck, die entsprechenden Schüler dazu lassen oft keine Probleme erwarten und ich gehe eigentlich in positiver Erwartungshaltung in den Unterricht. Umso überraschter bin ich dann, wenn völlig Unvorhergesehenes passiert, Schüler ausrasten, weil ich eine Hausübung kontrolliere oder Bücher einfordere, die sie natürlich zum x-ten Mal nicht mithaben. Aus einem heiteren, sonnigen Vormittag wird plötzlich Gewitter- und Donneralltag, völlig unvorhergesehen und unerwartet.

Anders ist es, wenn man Problemen alltäglich begegnet, sich sozusagen darauf vorbereiten kann.

Ich erinnere mich in diesem Zusammenhang an einen Schüler, der nur sporadisch in die Schule kam. Wenn er kam, erfolgte dies oft bis zu zwei Stunden später nach Unterrichtsbeginn. Der Schüler betrat die Klasse, grüßte nicht, ging wortlos mit seinen Straßenschuhen (die Schulordnung verlangt Hausschuhe) zu seinem Platz. Er schlurfte so richtig am Boden entlang, wohl um zu provozieren, rückte zwei Stühle zurecht und legte »sich schlafen«. Sie haben richtig gelesen!

Wie viele Schüler war auch er »auf der Flucht«. Er trug eine Kopfbedeckung trotz gut geheizter Klasse, darüber noch eine Kapuze, offensichtlich tauchte er in eine irreale Welt ab, wollte durch doppelten Kopfschutz gedeckt sein, sein Gesicht verbergen oder war es eine modische Variante?

Auf Anweisungen, Befragungen reagierte er gar nicht oder rüpelhaft, bösartig, beleidigend und drohend. Er fühlte sich von Vaterseite voll gestärkt, vermeinte, einen Beruf bei seinem türkischen Onkel mit Sicherheit ausüben zu können, und somit war ihm alles andere egal.

Ließ man ihn mit seinem provokanten Fehlverhalten völlig außer Acht, reagierte man nicht auf ihn und unterrichtete ohne auf ihn einzugehen weiter, hielt es dieser Schüler nicht aus! Dann rastete er meistens aus:

Er provozierte durch ordinärste Fragen, die er laut, seinen Platz verlassend, anderen Burschen und Mädchen während des Unterrichtes stellte. Es schien überhaupt so, dass er sich an gesteigerter, derber, ordinärer Ausdrucksweise ergötzte, aufschaukelte und auch immer betonte, er habe viele Pornos gesehen und dass er alles über Sex wisse:

»Hast du schon gefickt, hast du schon Schwanz in Muschi gehabt?« »Hast du großen Schwanz? Wie weit spritzt du?«

Psychagogische Behandlung, Therapie, Schularzt, Sozialarbeiter, Suspendierung – alles wurde aufgeboten, erfolglos. Der Vater erschien auf Vorladungen nie, war meist in seinem Heimatland, die Mutter zitterte am ganzen Körper, wenn sie in der Schule vorsprach. Sie entschuldigte sich herzzerreißend unter vielen Tränen und fürchtete sich nicht nur vor ihrem Sohn, sondern ganz besonders vor ihrem Mann. Es war ihr größtes Bestreben, keine öffentliche Bloßstellung der Familie zu haben, um ja nicht weiter von ihrem Mann unter Druck gesetzt zu werden.

Ich entschuldige mich in diesem Zusammenhang nochmals für die wortwörtliche Darstellung der Vorfälle, aber ich will damit die Realität dokumentieren. Selbst die Anwesenheit zweier Lehrer und kein inneres Anstandsgefühl hielten ihn vor derartigen Auftritten und Ausdrucksweisen zurück.

Aber wir Lehrer waren immerhin auf die Situation vorbereitet, es traf uns nicht mehr unerwartet und man beginnt dann ebenfalls Strategien zu entwickeln, die die Provokationen sozusagen ins Leere laufen ließen. Ich erinnere mich, dass ein Nicht-Beachten, gar nicht eingehen auf ihn richtige Wutanfälle bei ihm auslösten und er dann vom sexuellen Klischee an Provokationen in direkte Beleidigungen von uns Lehrern überging.

Natürlich war die Suspens (Ausschluss) vom Unterricht bei diesem Schüler mehrmals die letzte Reißleine, aber nach der abgelaufenen Frist von zwei oder drei Wochen kam es wiederum zur Fortsetzung seiner Auftritte.

Seine Mutter hingegen war verzweifelt, weinte bei den Lehrer-/Muttergesprächen weiter, schilderte ihre Angst vor dem Sohn, noch mehr vor dem Ehemann und wusste sich keinen Rat. Auch die empfohlene und zugewiesene Therapie für den Sohn half weder Mutter noch Sohn.

Diese Mutter schilderte und erzählte von der Übertragung der Verantwortung der Erziehung der Kinder durch den Vater in ihren Aufgabenbereich und wusste sich keinen Rat, dieser Aufgabe gerecht zu werden. »Die Erziehung ist deine Sache, du kümmerst dich um die Kinder«, so lautete der Auftrag des Ehemannes.

Diesen Auftrag nahm sie offensichtlich besonders ernst. Sie meinte wörtlich, dass sie für das Versagen des Sohnes zuständig sei, es sei allein ihr Versagen. Sie übernahm die Vollschuld für das Verhalten des Sohnes und entschuldigte sich! Grotesk! Ihr Sohn beschimpfte sie im Beisein von uns Lehrern als Hure, er verbot ihr das Wort und legte ein Verhalten und ein Frauenbild offen, das ich bis zu diesem Zeitpunkt noch nicht erlebt hatte. Ich war perplex und glaubte, ich »sitze im falschen Film«!

Für mich war das eine völlig neue Erkenntnis, dieses Rollenbild in einer Ehe, wo der Vater als Allmächtiger Frau und Kinder sozusagen unterdrückte und nichts, aber schon gar nichts außer seiner Meinung zur Geltung kommen ließ. Dieses Phänomen war kein Einzelfall, es begegnete mir in mehreren Familien. Söhne schlüpften in diese Verhaltensmechanismen der Väter und behandelten Frauen, Mädchen genau nach diesem Muster.

Aber zurück zu den Schülern in diesen Klassen.

Schüler von Kooperationsklassen haben aus irgendwelchen Gründen den Hauptschulabschluss nicht geschafft, sie sind zwar im neunten, manchmal schon (freiwillig) im 10. Schuljahr, manchmal sogar im 11. Schuljahr, leistungsmäßig jedoch kommen sie aus einer 5. (selten), 6. (am häufigsten) oder 7. Schulstufe, wie ich schon ausführen konnte.

»Eingedeutscht«, sie sind 14, 15 Jahre alt und sie haben den Bildungs-Level einer ersten, zweiten oder dritten Klasse einer Hauptschule und sind meist im untersten Leistungsniveau angesiedelt, also in der »dritten Leistungsgruppe« und weisen viele Defizite in einzelnen Gegenständen auf. Sehr oft können sie nicht lesen, es fehlen die Grundrechnungsarten, die Malreihen und auch das Schriftbild ist eher sehr kindlich. Die Defizite lassen also bereits auf Versäumnisse in der Volksschule schließen.

Meist sind sie auch in diesem Level negativ beurteilt, entsprechen also in keiner Weise den Minimalansprüchen für ein Genügend oder sie kommen mit einer Vielzahl von »Nicht beurteilt«.

Denn ihre Reaktion in solchen Fällen ist die Flucht vor der Schule. Wer lässt sich schon gerne täglich vor Augen führen, dass er außerhalb der Norm agiert und ständig darauf hingewiesen wird?

Die Folge ist deshalb oft langes, monatelanges Schulschwänzen, das dann zu einer »Nicht-Beurteilung« bzw. zu einem »Nicht genügend« führt.

Irgendwann kommen diese Schüler »ins Alter« und werden dann im »letzten Schuljahr«, bevor die Schulpflicht endet, nochmals zusammengezogen, um ihnen im letzten Versuch die Möglichkeit zu geben, sich einem Hauptschulabschluss zu nähern und sich wenigstens im Sinne einer Berufsorientierung umschauen zu können. Manchmal werden sie auch von ihren Schulen »abgeschoben«, weitergereicht, vielleicht hilft ein Schul- bzw. Milieuwechsel – das wäre noch eine positive Interpretation, oft ist es wohl auch der vordergründige Gedanke, soll sich ein anderer Lehrer mal mit diesem Schüler auseinandersetzen, ich kann und will nicht mehr.

Derartige Schüler sind in unserem Gesellschaftssystem oder vielleicht auch an unserem Schulsystem aus welchen Gründen auch immer, gescheitert. Sie haben Negativ-Erlebnisse zu verarbeiten und es verwundert nicht, dass sich dieser Prozess von Negativ-Erfahrungen wiederholt.

Diese Schüler von Kooperationsklassen sind gescheitert, da kommt man nicht herum. Manchmal waren es Begabungsmangel, die Pubertät, mitunter die nicht funktionierende Integration und Inklusion in unser System, Sprachbarrieren, Leistungsunwille (schlicht auch mit Faulheit zu übersetzen), eine geringes Anspruchsniveau, die Überforderung, sich einzubringen, negative Noten-Erfahrung, Überforderung, eine »broken-home-situation«, milieubedingte Hemmnisse usw. Die Phantasie reicht nicht aus, alle möglichen Varianten von Verursachern dafür aufzuzählen.

Manchmal sind diese Kinder »Opfer« von Umständen, manchmal haben sie schon unglaublich viel durchgemacht. Ich lernte Schülerinnen kennen, die den Haushalt für eine mehrköpfige Familie führen, die Mutterersatz für die kleineren Geschwister waren, auf Kleinkinder aufpassen mussten oder immer deshalb zu spät bis gar nicht in die Schule kamen, weil sie die kleine Schwester oder den kleinen Bruder in den Kindergarten bringen mussten oder gar nicht selten eben den kompletten Haushalt führten.

Ich erfuhr von drogensüchtigen oder alkoholkranken Müttern, von gewalttätigen Vätern, von Scheidungen, Stiefvätern, Familienstreit und sogar von einem Fall, wo der Ehemann und Vater mit der Hacke vor den Augen der Kinder auf seine Frau losging. Das führte in weiterer Folge zu Gerichtsprozessen, die die Kinder und Mutter weiter belasteten.

Eine Kooperationsklasse ist eine Form eines sozialen Aggregates, einer Zufallszusammensetzung, die ebenfalls dieselben Standards ausweist, an denen die Schüler bereits gescheitert sind.

Da gibt es die Vorgaben eines komprimierten Stundenplanes, Schularbeiten, Tests, Anwesenheitspflicht, Nachmittagsunterricht, Normen und Erwartungshaltungen, Schulordnungen, Regeln, die zu erfüllen sind.

Sehr rasch erkennen sich diese Schüler wieder im Teufelskreis, spüren die Überforderung, sich einzufügen und einzubringen, die ungewohnte Umgebung und ungeliebte Anforderungen, woran sie schon gescheitert sind. Es fehlt an **ARBEITSHALTUNG und DISZIPLIN**, einem nachhaltigen **ELTERNHAUS**!

Sie finden sich wieder im System, in dem sie bereits erfolglos agierten. Sie tauchen ab, ins »Stangeln«, in Leistungsdefizite gröbster Art (keine Motivation, »keinen Bock« in ihrer Sprache, keine Schultasche, keine Hefte, keine Arbeitshaltung, **keine PERSPEKTIVE**). Nichts ist vorhanden, das ist wohl die treffendste Definierung der fatalen Situation.

Sie haben auch kein Durchhaltevermögen, das tägliche Gerüst und den Willen nicht, um etwa fünf Unterrichtsstunden zu überstehen und das perspektivisch auf lange Sicht.

Der Praxistag mit 9 Stunden oder der Sportunterricht am Nachmittag sind Zusatzherausforderungen, die von diesen Schülern nicht bewältigbar sind. Hier zählt Sport und Bewegung nicht zum Favoritenkreis im Fächerkanon, hier wird alles als unnötig, belastend, anstrengend, langweilig, als sinnlos abqualifiziert.

Zehn Monate Schule sind für sie nicht überschaubar, für diese Schüler, die in den Tag hinein leben und nichts mit Ordnung, Leistung und Disziplin am Hut haben. Perspektive, Verantwortungsbewusstsein kennen sie nicht.

Selbst wenn sie kommen, also am Unterricht teilnehmen wollen, sind viele heillos überfordert und machen dann genau das, was viele überforderte Menschen tun: Sie werden aggressiv, sie suchen die Schuld bei dem anderen, sie stören, sie beleidigen, sie werden unausstehlich, werden frech, sie rasten letztlich aus und es ist wirklich im wahrsten Sinne des Wortes oft nicht zum Aushalten.

Einige von diesen Schülern tauchen in eine Scheinwelt ab, beginnen mit Drogenkonsum, und ehe sie sich versehen, sind sie im Teufelskreis von Abhängigkeit gefangen. Dies konnte und musste ich fast in jedem Schuljahr mehrmals zur Kenntnis nehmen. Natürlich sind sie nach eigenen Worten nicht süchtig, können jederzeit aufhören und überhaupt:

>>Was geht Sie das an, was ich mache? Wen interessiert das? Das ist mein Leben, Oida, stör net. Oida, du bist völlig unnötig, vastehst? Di braucht kaner, i schon gar net!<<

Sie strotzen dann vor Respektlosigkeit, geben freche Antworten, beschimpfen Lehrer und Mitschüler, stören die Lernwilligen, stören einen qualitativen Unterricht und zwingen durch ihr dauerndes Fehlen Lehrer in Kooperations- und PTS-, aber auch FMS-Klassen zu ständigem Neubeginn von Stoffgebieten bzw. Wiederholungen.

Dieses ständige **Neubeginnen-Müssen** ist ein pädagogischer Wahnsinn, zwei-, dreimal wird ein neuer Stoff binnen kürzester Zeit vorgestellt. Zur Langweile derer, die schon damit konfrontiert wurden, zum Nachteil derer, die nicht da waren, wenn man es nicht machen würde.

Um die letzte Chance einer Verbesserung zu haben, hofft man als Lehrer immer wieder, diesmal trägt das Früchte, diesmal kommt es zu einem Erfolgserlebnis für den Schüler! Leider nein, man weiß es, dennoch ist die Enttäuschung groß, wenn dann wieder die Ignoranz auftritt, >>stangeln<< die Antwort ist, die keiner haben will.

Sie haben keine Arbeitshaltung, sprich keinen Fleiß, sind nicht in der Lage, Versäumtes selbstständig aufzuholen, haben aber auch überhaupt keine Motivation dazu. Es fehlt auch an Organisation, an Know-how, wie man mit Stoffgebieten selbsttätig umgehen könnte, schlichtweg auch am Einmaleins des Lernens: Wie lernt man richtig? Offene Lernformen sind nicht durchführbar und scheitern a priori.

Sie begründen gravierende Wissensmängel mit aggressiven Vorhalten:

>>Das braucht niemand, fragen Sie die anderen, die wissen das auch nicht! Was wollen Sie von mir, lassen Sie mich jetzt in Ruhe! Warum gehen Sie auf mich los? Was hab ich Ihnen getan? Das hat mir niemand erklärt!<<

Eine weiter eigentlich stereotyp >>dumme Antwort<< kommt ebenfalls immer wieder:

»Ich habe gefehlt!« »Das weiß ich nicht!«
Damit glauben sie sich von allen zukünftigen Anwendungen frei-spielen zu können. Fehlen ist quasi ein »Persilschein« für »Nicht-Wissen«. In Wirklichkeit ist es die schon angesprochene Flucht!

Hält man ihnen vor Augen, dass dies keine Entschuldigung sein kann oder zumindest nur eine kurzfristige Entschuldigung ist, wer-den sie wieder frech und beleidigend, fühlen sie sich doch in die Enge getrieben.

Ich vergleiche dann ihr Leistungsbild immer mit der Führerschein-prüfung und halte ihnen vor Augen, dass man da ebenfalls nicht ar-gumentieren kann mit: »Das weiß ich nicht, da habe ich gefehlt!«
Bei derartiger Einstellung gibt es keinen Führerschein, das begrei-fen sie zumindest.

> »Das ist was anderes, das hat nix mit Scheiß-Schule zu
> tun, da lern ich dann, glauben Sie, ich bin blöd? Den
> Schein brauch ich, den mach ich dann locker!«

In ihrer teilweise »einfach gestrickten Denkweise« glauben sie, das, was sie sozusagen nicht im Unterricht gehört oder erlebt haben, geht sie nichts an! Von einer Bring- und Holschuld haben sie keine Ahnung.

Andererseits überschätzen sie sich maßlos, wenn sie meinen, sie seien lernfähig und lernerprobt.

> »Das kann ich alles, wenn ich will, aber i hab jetzt kan
> Bock! Das is ja easy, warum lernen wir keine richtigen Sa-
> chen, nur so einen Volksschulscheiß?«

In Wahrheit ist keine Spur von Lernfähigkeit vorhanden. Sie haben leider keinerlei Erfahrung mit Lernsituationen und Aneignung von Stoffgebieten. Lediglich die Vorbereitung mit Schwindelzetteln oder Schummeln mit dem Handy ist eine Alternative für sie, um zu bestehen. Aber das ist immerhin schon etwas. Bei vielen reicht es nicht einmal dazu!

Konkret muss ob des vielen Fehlens von Schülern oftmals der **Stoff**, der am Montag einer neuen Woche beispielsweise vorgetra-gen und geübt wurde, am Dienstag wieder von vorne dargeboten werden, weil die Fehlenden vom Montag erstens da sind und zwei-tens ja auch die Chance erhalten sollten, dass man Sachverhalte, neue Unterrichtsstoffe didaktisch/methodisch präsentiert bekommt. So kommt es vor, dass manche »Kapitel« drei-, viermal in 10 Tagen immer wieder neu präsentiert werden müssen. Selbst das »Zweilehrersystem« bewältigt diese Herausforderung nicht, zu viele Fehlstunden fallen da jeweils an. Man muss derart differenzieren, dass man mehrere Unterrichtsziele bewältigen muss. Da diese Schüler aber nicht allein arbeiten können, ist das technisch oft nicht machbar.

Das »gleiche Spiel« ereignet sich bei **Schularbeitsterminen**: Nicht selten braucht man nämlich drei bis vier Termine, weil die Schüler gezielt einer Schularbeit ausweichen. Manchen Schülern gelingt es tatsächlich, sich vier, fünf Wochen einer Nachschularbeit zu entziehen. Kann man sie dann endlich mit der Schularbeit konfrontieren, hagelt es Vorwürfe und wiederum Frechheiten. Da kommen dann Wortmeldungen etwa wie diese:

>»Was ist das, was soll das, ich kann das nicht, woher soll ich das können, Sie sind kein Lehrer, Sie können überhaupt nicht erklären, woher soll ich das wissen, das interessiert net einmal meinen Hund!« und so geht's in dieser Tonart weiter.

>»Wann haben Sie gesagt, dass Schularbeit ist, da war ich sicher nicht da, das dürfen Sie gar nicht, ich zeige Sie an, das mach ich sicher nicht, lassen Sie mich in Ruhe!« Oder ganz hinterlistig gehen manche in Verhandlungen. »Kann ich das morgen machen, ich habe nichts gelernt, bitte seien Sie nett, morgen bitte, ich möchte noch lernen.«

Wer darauf reinfällt, so wie ich, der macht das höchstens einmal, denn natürlich ist am nächsten Tag kein Schüler vorhanden, der so zum Weinen um einen neuen Termin gebeten hatte. Wie ich bereits festgestellt habe, die Vielfältigkeit an Ausreden und die Ausweichtaktik ist überaus variantenreich.

Tatsache ist, dass eine Schularbeit bis zu vier Wochen und länger benötigt, bis diejenigen sie geschrieben haben, die noch irgendeine Art von sporadischer Anwesenheit in der Schule haben.

Wenn man also den großen Fehler macht und zum Wohle des Schülers agiert und feststellt, dass er jetzt oft gefehlt habe und eine Schularbeit fällig sei und dazu noch Übungsmaterial zur Verfügung stellt und einen späteren Termin in Aussicht stellt, dann hat man es total falsch gemacht. Diese »menschliche, zuwendende« Handlungsweise wird mit Füßen getreten und als absolute Schwäche ausgelegt. Denn diesen Schüler sieht man dann gar nicht mehr, was mir leider mehrmals passierte.

Pädagogische Zuwendung, Fairplay, Verständnis für die Situation und den Schüler wird als Schwäche gesehen und mit Ignoranz im wahrsten Sinne des Wortes seitens der Schüler bestraft. Und man bekommt auch gleich einen »Ruf«, den ich mir offensichtlich ungewollt erarbeitet habe:

> »Der is eh leiwand, du musst nur viel jammern, dann kriegst einen Nachtermin! Musst nur sagen, die anderen haben dürfen, warum ich nicht?«

Tatsächlich erzählten Schüler das dem Mathematiklehrer, als dieser nicht so gnädig agierte. Sehr rasch und häufig versuchen Schüler immer wieder Lehrer auszuhebeln, gegeneinander auszuspielen. Zumindest diese Instrumentarien beherrschen sie. Eine andere Variante:

> »Oida, bleib cool, chill down, de Arbeit schreib i schon, aber net heit! Oida, i geh in a Schul weiter, also i werd's schon machen!«

Sehr oft wird deshalb vereinbart, dass eine versäumte Schularbeit bei nächster Gelegenheit, also sozusagen beim nächsten »Aufeinandertreffen« geschrieben wird. Mir missfällt dies, aber es ist wahrscheinlich die einzige Möglichkeit, zu irgendeiner Leistungsbeurteilung zu kommen.

Es versteht sich von selbst, dass die Hoffnung auf ein positives Erfolgserlebnis sehr gering ist. Denn diese Schüler wissen nichts von einem Stoffgebiet, von Schwerpunkten, Übungsblättern, vertiefenden Hausübungen und auch die Tatsache, dass alles im Übungsheft der Mitschüler nachzulesen wäre, beeindruckt nicht. Sie sind unfähig, sich zu organisieren. Sie haben auch nicht den Überblick bzw. die Motivation und auch Grundintelligenz für derartige Aktionen, die ihnen helfen könnten. Selbst vorbereitete Fragen mit ausgearbeiteten Antworten verbessern das Leistungsbild nicht.

Was diese Schüler mit diesem Aggressionspotential darüber hinaus vergessen, nicht verstehen, ist, dass sie, wie in diesem konkreten Beispiel von vorhin (»Das kann ich nicht, Sie können nicht erklären«) in 6 Wochen nur 3 Tage in der Schule waren.

Immerhin hat mich diese Wortmeldung dazu gebracht, eine Eigenreflexion zu machen, nachzusehen, wie oft ich denn die Möglichkeit hatte, diesem Schüler etwas zu erklären bzw. zu versagen.

Die Schüler wiederum, die alle Unterrichtssequenzen mitgemacht haben, sind bei Wiederholungen von bekanntem Stoff gelangweilt und müssen durch Binnendifferenzierung gefordert werden und die anderen wiederum haben eben kaum eine Chance, vernetzt und strukturell zu arbeiten, weil sie nur mosaikartig Stoffgebiete vorgetragen bekommen und nur sporadisch die Schule besuchen.

Zusatzaufträge in der Binnendifferenzierung, also Förderungen, werden als unnötig und als Strafe empfunden:

>»Die anderen haben nicht einmal dieses Übungsblatt gemacht und ich soll schon das nächste machen! Das mach ich nicht, wie komm ich dazu. Schauen Sie auf die anderen! Ich will chillen, lassen Sie mich, ich brauch Erholung! Ich mach jetzt nichts mehr, ich beschäftig mich mit meinem Handy! Sie strafen mich mit Überarbeit, das is ja urviel.«

Dass es bei diesen Arbeitshaltungen zu vielen Defiziten kommt, liegt klar auf der Hand. In weiterer Folge baut sich dann wieder Frust, Schulangst auf und der einzige Angstregulator scheint dann offenbar die Flucht zu sein. Oder man reagiert aggressiv, mit verbaler Gewalt, Beleidigungen, Bedrohungen.

Selbsttätigkeit, selbstständiges Erarbeiten ist nicht in ihrem Repertoire und scheidet deshalb als Variante, Versäumtes nachzuholen, komplett aus.

Darin liegt wohl auch die Hauptbegründung für das mindestens in den Hauptgegenständen praktizierte Zweilehrersystem in diesen Klassen, um diesen Umständen halbwegs gerecht zu werden.

Denn immer wieder arbeitet der Zweitlehrer, auch Assistenzlehrer genannt, dann außerhalb der Klasse, um mit diesen Schülern Versäumtes nachzuholen, zu üben, zu erklären.

Das wird aber meist auch nicht angenommen, denn eine derartig konzentrierte Unterrichtsweise, 1:1 oder 1:3, ist ihnen ebenfalls fremd und suspekt und fordert zu viel. Die Reaktionen:

>»Da komm ich ja dauernd dran, ich hab keinen Bock mehr auf Schule, hören Sie auf, wen interessiert das, geben Sie mir einen Fünfer, das mach ich nicht, das brauch ich nicht, das ist von gestern! Ich bleib in der Klasse sitzen, ich geh nicht raus, da hab ich meine Ruh!«»Ich habe ein Recht, da in der Klasse zu sein!«

Manche Schüler zeigen auch eine unglaubliche Hartnäckigkeit und Unverfrorenheit bei der Verbreitung der Unwahrheit, wenn sie glauben, es sei ihr Vorteil. Mit Vehemenz wird da auf Biegen und

Brechen gelogen, fast schon bis zur Dummheit, wenn offensichtliche Beweise das Gegenteil längst bestätigt haben. Man kann sich da nur kopfschüttelnd zurückziehen, alles andere ist zwecklos.

»Das hab ich nicht getan, nein, das war ich nicht! Oida, das war i net, vastehst? Begreifst? Wenn Sie das nochmals behaupten, zeige ich Sie an, Sie wissen überhaupt nichts und reden so blöd daher! Was haben Sie gegen Ausländer?«

Ein später des Diebstahls überführter Schüler war bei einem Klassendiebstahl der größte Eiferer in der Verurteilung des unbekannten Diebes. Man müsse das anzeigen, so etwas dürfe es in der Klasse ja gar nicht geben, die Polizei müsse her, unglaublich, welche charakterlosen Mitschüler da in der Klasse seien. Selbst nach der Überführung beharrte er dann auf einer »Konstruktion«, man habe ihm das Diebesgut untergejubelt, weil man gegen Ausländer sei.

Im Polizeijargon wird man da wohl von »Stehern« sprechen. Diese sind mit nichts zu beeindrucken, halten absolut an ihrer Darstellung fest. Selbst wenn sie sozusagen überführt sind, konstruieren sie noch ein Verschwörungsbild.

Nicht selten haben Schüler von Kooperations- und PTS-Klassen **Gerichts- und Prozesserfahrungen**, einzelne Schüler (auch Mädchen) haben sogar das Gefängnis von innen gesehen, wie wir schon wissen.

Dieser Umstand verdeutlicht, dass es nicht ausschließlich um schulisches Versagen geht, sondern es gibt auch ein generelles Scheitern bei der Enkulturation, Eingliederung in unsere Gesellschaft.

Diese Schüler sind teilweise sehr arm und bedauernswert, teilweise ist »der Zug mit 15 Jahren schon abgefahren« und man weiß, ohne groß Hellseher zu sein, dass eher früher als später ein totales Scheitern zu erwarten ist.

Sehr oft wunderte ich mich über die Geduld und Milde der Jugendgerichtsbarkeit. Das liegt wohl auch daran, dass wir im Schulalltag Jugendliche besser kennenlernen als Richter bei meist kurzen Verhandlungen.

Wir erwarten in gerichtsanhängigen Dingen sozusagen eine Reglementierung durch das Gericht und sind dann fast enttäuscht, dass es lediglich eine Verwarnung, keine von uns erwartete härtere Konsequenz gibt.

Es ist ja vielleicht auch so, wie ein mehrmals verurteilter Schüler, der sich wiederholt für Kaufhausdiebstahl verantworten musste, mir einmal lächelnd entgegnete:

»Ich weiß schon, was ich sagen muss, was gut ankommt.
Ich werde nicht lange weg sein! Sie sehen mich wieder!«

Auffallend dabei ist also, dass diese Schüler immer wieder ziemlich genau wissen, was an Strafe auf sie zukommt und ihre Vorhersagen meist zutreffen.

»Nach 2 Monaten – mehr is da net drin – bin i wieda da!«

Und tatsächlich, es war so in einem Fall. Befasst man sich also ein bisschen intensiver mit dem Jugendgericht und den Urteilen, so ist man als Lehrer mitunter vorerst enttäuscht. Man erwartet ein »ordentliches Urteil, eine ordentliche Zurechtweisung« für die Übeltäter und findet fast alles zu mild.

Ja, man hat sogar den Eindruck, dass die Richter von den Jugendlichen um den Finger gewickelt werden und nicht wirklich die wahre Person erkennen. Andererseits ist es gut, dass es andere Institutionen gibt, die sich aus einer anderen Perspektive mit den Jugendlichen beschäftigen und so zu ihren Beurteilungen kommen. Objektivität tut allen gut!

Mitunter, sogar sehr oft, müssen uns diese jungen Menschen nämlich wirklich sehr leidtun. Wenn man sich näher mit ihren Schicksalen befasst, erkennt man das sehr schnell und intensiv und es macht oft sogar betroffen:

Ein Mädchen, Ausländerin – ohne österreichischen Pass, von der alleinerziehenden Mutter umsorgt, erkaufte sich Zuneigung, Interesse mit einer Vielzahl von Geschenken, Einladungen an andere Mitschüler.
Finanziert wurde das durch Diebstähle, immer und immer wieder, bis dieses Mädchen im Gefängnis landete. Dort lernte es ein etwas älteres Mädchen kennen, verliebte sich, ging eine lesbische Beziehung ein und erfuhr offensichtlich jene Wärme, die es suchte.
Wieder in Freiheit, war das ausschließliche Bestreben des Mädchens, wieder ins Gefängnis zu kommen, zur Freundin, die eine mehrjährige Strafe abzusitzen hatte.

Diese »Lebensgeschichte« wird natürlich in aller Öffentlichkeit vor, während und nach dem Unterricht präsentiert und es gibt faktisch keine Chance, derartige Unterhaltungen der Schüler nicht mitzubekommen. Unterbindungen, Aufforderung auf Unterlassung helfen überhaupt nicht.

»Das is wichtig, das muss i jetzt sagen, sonst vergess i, das is ganz wichtig! Unterbrechen Sie nicht!«

Manche Mädchen leiden unter den Eltern.

So vertraute sich ein Mädchen an und berichtete, dass seine Mutter Prostituierte sei, und wenn Freier kämen, müsste es die Zweizimmerwohnung verlassen und mit dem Hund spazieren gehen. Es mag seine Mutter schon, erzählte das Mädchen, aber nun wolle es lieber beim Opa leben, der am Land wohnt.

Was geht in einem Mädchen vor, das nachts spazieren gehen muss und nun sogar von Wien aufs Land übersiedeln und dabei die Mutter zurücklassen wird?

Oft sind es auch die aktuellen Partner der Mütter, die den Kindern Sorgen machen, oft sind es finanzielle Nöte der Familie, oft ist es die eingeforderte Übernahme von Aufgaben in der Familie, die diese Schüler prägen. Frust und Ängste, übermäßige, nicht kindesgerechte Beanspruchung, Überlastung werden zu Auslösern für Schulversagen!

»Broken-home-situations«, Scheidungswaisen zeigen oft dramatische Zustände auf, die natürlich auch eine schwer beeinflussende Rolle für das Versagen unserer Schüler spielen.

Ich hatte einen Schüler, der genau das durchlebte. Seine Mutter hatte die große Wohnung, in der sie als Alleinerzieherin mit ihren Kindern lebte, aufgegeben, weil sie zu ihrem neuen Partner in eine Einzimmerwohnung zog.

Der Bursche war für mich ein hochtalentierter Zeichner, er nahm nicht am Unterricht teil, sondern zeichnete stundenlang seine Welt. Phantasiehelden, muskulös und immer wieder stellte er Geschlechtsakte dar, Männer mit übergroßem Penis, die eine Frau von hinten nahmen, dabei ihre Haare zogen.

Diese Darstellung war auf fast allen Zeichnungen zu sehen. Ich nehme an, dass der Junge so seine Erlebnisse in dieser Kleinstwohnung verarbeitete. Er war friedvoll, lebte absolut in einer anderen Welt und war für mich im Unterricht kaum erreichbar.

Ich war vom Zeichentalent wirklich angetan und bemühte mich für ihn um eine Schnupperwoche in einem graphischen Betrieb, weil ich voll überzeugt war, dass mehr als Talent vorhanden war. Als ich die Mutter um Hilfe bat, sie möge dort vorsprechen und sich mit dem Sohn vorstellen, wo ich ihn entriert hatte, verweigerte sie und tat nichts. Ich weiß nicht, was aus diesem Schüler geworden ist, aber er hätte sich diese Chance verdient, meine ich.

Nicht gerade im vorhin geschilderten Fall, aber dennoch auch speziell in den Fällen, wo Prozesse wegen verschiedenster Delikte schon zu Verurteilungen geführt haben (oft ist es rohe Gewalt, sind es Körperverletzungen, von Burschen und Mädchen verursacht) ist der Pädagoge auf keinem erfolgreichen Boden.

Diese jungen Menschen nehmen kaum etwas Positives an, teilweise sind sie perspektivlos, haben resigniert und kommen aus ihrem Trott nicht heraus.

Diese Schüler haben Polizei-Erfahrung, immer wieder mit der Polizei zu tun, sie flüchten vor ihr, werden erwischt, werden auch eingesperrt. Sie sind dann im Einzelfall derart außer der Norm, dass sie in Rage geraten, wie schon erzählt, auch einen Lehrer, einen Kollegen ohrfeigten, wie ich mit eigenen Augen erleben musste. Übrigens blieb das – Gott sei Dank – in fünf Jahren ein Einzelfall!

Auch das sind **Rahmenbedingungen** in unseren Klassen, Auswüchse der Gesellschaft. Die Gewaltbereitschaft und die Gewalt sind ständige Begleiter auch in der Schule.

Im konkret angesprochenen Fall der »Lehrerohrfeige« war es ein Serbe, bullig und klein, unglaublich gewaltbereit und gefährlich. Seine Welt waren seine Fäuste, er scheute sich nicht, sich mit mehreren, ihm weit überlegenen Gegnern auf offener Straße anzulegen. Immer wieder suchte er Lösungen über eine gewalttätige Auseinandersetzung, immer wieder forderte und provozierte er:

»Komm, gib mir Faust, bist du feige, komm 1:1, ich mache dich fertig, komm gib Faust! Hast du Angst? Hurensohn, ich mache dich fertig!«

Obwohl er dabei mitunter ordentlich verprügelt wurde, behandelt werden musste, änderte er sein Verhalten nicht. Seine Verletzungen, blutigen Hände, Schrammen, blauen Augen, Cuts präsentierte er voller Stolz in der Schule und errang aus seiner Sicht eine Anerkennung, die er offensichtlich suchte.
Letztendlich landete auch er im Gefängnis, und obwohl man das Ende erahnte, ihm zu helfen versuchte, ihm mit einer Zuweisung in eine Wohngemeinschaft einen Milieuwechsel verschaffte, er war nicht aufzuhalten.

Das ist das Fatale, sehr oft sehen wir in diesen jungen Existenzen das Ende der Entwicklung vorher und machtlos müssen wir zusehen, bis es dann eintritt. Leider. Diese Ohnmacht betrifft auch Sozialarbeiter, Schulärzte und natürlich die Erziehungsberechtigten und vielleicht auch die Jugendgerichte.

Die Eltern waren in diesem Fall ebenfalls machtlos. Hilflose Eltern schämen sich dann beim Lehrergespräch, wissen nicht, was sie tun sollen, hilflose Mütter fürchten sich vor ihren Ehemännern, vor allem dann, wenn es sich um Gesellschaftsformen handelt, die am Rande von Europa praktiziert werden. Das unabdingbare Patriarchat lässt diese Familienmitglieder erzittern.

Teilweise schwappen diese Auswüchse in allgemeine Schulklassen über, nicht selten sind Streitigkeiten verschiedener Nationalitäten, wie von Serben, Albanern, Kroaten, Kosovoalbanern, Bosniaken, Türken und Kurden zu schlichten, nicht selten geraten sich Tschetschenen in die Haare und erfordern große Umsicht und Aufsicht von allen Lehrern. Jeder Krisenherd erweitert diese Klientel.

Es geht also nicht nur um Schüler in Kooperationsklassen, nein, die von mir angerissenen Befindlichkeiten findet man teilweise auch in sogenannten »normalen Klassen« der Polytechnischen Schule bzw. der Fachmittelschule.

Da erinnere ich mich in diesem Zusammenhang an ein Mädchen, sehr aggressiv, frech, ohne jegliche Hemmschwelle, ohne jedes Benehmen, das nicht nur ständig lautstark Lehrer als Trottel bezeichnete, die Lehrer für persönliche, eigene Fehlleistungen verantwortlich machte, sich mit einer Direktorin anlegte:

»Passen Sie auf, was Sie sagen, wollen Sie mir drohen, was wollen Sie, da fürchte ich mich aber, ha, ha, Sie sind ja völlig unnötig.«
Dieses Mädchen beraubte auch ein gleichaltriges Mädchen, verletzte es schwer und erhielt dafür auch ein Gerichtsverfahren und eine entsprechende Strafe. Abfällige Äußerungen über Mädchen anderer Nationen und Provokationen waren dabei eine beliebte Vorgangsweise, um anzuecken, sich vom eigenen Totalversagen abzulenken. Dieses Mädchen war stets gewaltbereit und absolut außerhalb der Norm.

Das zog sich natürlich auch bei den sogenannten »**Betriebspraktischen Tagen**« weiter fort. In dieser Woche haben die Jugendlichen die Möglichkeit, in Berufen zu schnuppern, erste Arbeitseindrücke zu sammeln und mitunter sogar die Möglichkeit, eine Lehrstelle zu ergattern.
Nicht so bei besagtem Mädchen. Es wurde wegen Beleidigung des Firmeninhabers und von Kunden bereits am ersten Tag, nach zwei Arbeitsstunden aus dieser Firma entfernt, eine ordinäre, abfällige Schimpfkanonade war die Folge.

Diese an und für sich positive Einrichtung einer erweiterten Berufsorientierung, die mindestens zwei Wochen im Schuljahr umfasst und auch darüber hinaus noch weitere Möglichkeiten bietet, wird von – für mich überraschend – vielen Schülern nicht genutzt bzw. kann nicht genutzt werden.
Es fehlt an Organisation, Selbstdisziplin, die dabei notwendige Unterstützung der Eltern, der Motivation. Oft ist es pure Angst, sich beweisen zu müssen, sich in Normen einzugliedern, acht Stunden regelmäßig zu arbeiten, pünktlich sein zu müssen. Sie verweigern, flüchten und stellen sich nicht. Bereits hier erkennt man das Totalversagen der jungen Persönlichkeit und des Umfeldes.
Schnuppertage sind nämlich »in« und die Firmen begrüßen derartige gegenseitige Begegnungen und stehen wohlwollend zur Verfügung.
Es ist fast ein »aufgelegter Elfmeter«, eine Schnupperstelle zu ergattern. Allerdings fehlt es oft auch an Flexibilität, 100 und mehr Anfragen an KFZ- Betriebe sind allemal schwer zu bewältigen. Die Zahl an Lehrberufen liegt bei ca. 240, allein das Interesse der Schü-

ler konzentriert sich auf wenige Berufe, acht bis zehn stehen da auf dem Wunschprogramm. Da helfen auch Hinweise von Lehrern nicht, sich breiter »aufzustellen«, ein Berufsfeld zu wählen.

Einerseits auch klar, wie sollte ich etwas werden wollen, wenn ich davon gar nichts weiß und es gar nicht kenne.

Aber selbst wenn es gelingt, eine Partnerschaft für diese Woche abzuschließen, heißt das noch lange nicht, dass alles in Ordnung ist.

Fast ein Viertel der Schüler, die mit viel Mithilfe von Lehrern und Eltern eine einwöchige Arbeitsstelle erhielten, um in einen Beruf »hineinzuschnuppern«, mussten diese vorzeitig verlassen, weil, kurz gesagt, keine entsprechenden Verhaltensweisen eingebracht werden konnten.

Einige Schüler wurden wegen Diebstahls am Arbeitsplatz hinausgeschmissen, wobei von Zigaretten über T-Shirts und modische Strümpfe auch Parfum gestohlen wurde.

Andere verschliefen einfach, erschienen irgendwann, andere hatten »keine Lust«, denn:

>»Da wird man ausgenützt, muss irr viel putzen. Der soll sich einen Hilfsarbeiter holen, ich mach das sicher nicht, ich putz seinen Dreck, diesen Scheiß sicher nicht! Die Tussi, das Lehrmädchen kann das machen, Mann, das is Weiberarbeit, putzen, das machen die Weiber!«

Bei manchen scheiterte es schlichtweg am »Outfit«, wobei einmal ein Firmenchef ein Mädchen am ersten Tag, praktisch bei Arbeitsbeginn, nachhause schickte, weil es Kopftuchträgerin war.

Unter Tränen kam dieses Mädchen völlig vor den Kopf gestoßen (wenn schon, dann hätte man bei der Vorstellung sagen können, man wolle keine Kopftuchträgerin) in die Schule zurück und war natürlich zu Recht tief verletzt.

Ein türkischer Schüler wiederum weigerte sich eine Kopfbedeckung im Geschäft zu tragen, die aus hygienischen Gründen eingefordert wurde. Nicht nur die Weigerung war schon Anlass genug, nein, die Anrede des Chefs »Hurensohn, trag das selber, lass mich in Ruhe!« zeigt die Distanzlosigkeit, in der sich diese Schüler befinden.

Meist waren aber keine religionsbedingten Outfits Ursache, sondern selbstgemachte, instinktlose Tritte ins Fettnäpfchen. Piercings,

Rasterlook sind beispielsweise für einige gewöhnungsbedürftig und im Geschäftsleben nicht selbstverständlich, wie im Schulalltag. Oft war es auch einfach nur die mangelnde Kondition, etwa acht Stunden zu stehen.

»Das geht nicht, ich bin irr müde und muss schwer heben, das mach ich nicht, ich bin kein Hilfsarbeiter, er soll das selbst machen, außerdem is das so langweilig, so fad, das mach ich sicher nicht die ganze Woche! Ich will verkaufen und nicht Lager putzen, der Hurensohn nützt mich aus!«

Das sind einige Antworten, wenn man die Schüler befragt, warum sie schon am zweiten Tag das Handtuch geschmissen haben.

»Ich mag mich nicht ausnützen lassen, putzen, der soll sich einen Dummen holen, der das macht! Irr blöd, da mit der Hand zu feilen, wo doch eine Maschine vorhanden ist, da geh ich nicht mehr hin, die haben keinen Plan! Das is ja Schikane mit der Hand feilen!«

Einige Schüler wussten sich im weitläufigen Betrieb zu verstecken, schliefen während der sogenannten Arbeitszeit in der Lagerhalle und waren bass erstaunt, dass sie gesucht wurden und im Arbeitsjargon »fristlos entlassen« und in die Schule geschickt wurden. Dort folgte dann aber der große Bericht und das große Wort, sofern sie nicht die Gelegenheit nützten und diese restliche Woche dann schwänzten.

»Ich weiß nicht, warum er mich geschickt hat! Ich schwör! Der kann mich gar nicht entlassen, bei dem werde i nie arbeiten, da muss man nur einräumen und putzen, das kann er selber machen! Und die Tussi, die da Aufsicht hatte, die Vorarbeiterin, die wollte mich nur anmachen, he Mann!«

Soweit eine kurz gefasste Evaluierung für frühzeitigen Ausstieg bzw. rasche Wegweisung vom Betrieb!

Zusammenfassend lässt sich hier festhalten, dass die so wichtige Vorbereitung auf das Berufsleben sehr oft aus den oben dargestellten Gründen nicht funktioniert und damit diesen Schülern eigentlich die letzte Hoffnung genommen wird.

Sie haben absolut irreale, abstruse Vorstellungen und sehen sich in einer verblendeten Egomanie als durchaus gut vorbereitet für höhere Aufgaben im Berufsleben, offensichtlich nicht für Handarbeit, Handwerk und Putzarbeit!

Wenn sie dann im Betrieb sind, kommt die totale Ernüchterung. Sie beginnen zu erkennen, dass sie keine Chance haben, einen Beruf zu bekommen, und wenn es irgendwie doch klappt, ihn zu behalten bzw. in ihm zu bestehen.

Man spürt diese Unruhe der Kinder nach dieser »Berufspraktischen Woche« und es dauert einige Wochen, bis sie dann die Lösung aus ihrer Sicht gefunden haben.

»Ich mache einen AMS-Kurs, ich mache einen Hauptschulabschluss, ich gehe weiter in eine andere Schule.«

So lauten dann die teilweise konkreten und teilweise vagen Vorstellungen.

Aber es wird dann in der Klasse wieder ruhiger, weil durch diese Vorhaben hat man das Kernproblem (»Was werde ich am Ende dieses letzten Schuljahres machen?«) auf die lange Bank geschoben, hinausgezögert und muss sich deshalb nicht der Wahrheit stellen.

In diese Ausflucht steigen nicht nur Schüler, sondern auch Eltern gerne ein. Es wundert mich geradezu, welche Schulen da ausgewählt werden, um den Tag der Wahrheit, der Unvermittelbarkeit, hinauszuzögern. Mit schwächsten Leistungen in der dritten Leistungsgruppe werden fast universitäre Ziele definiert, also ein Matura-Abschluss allemal.

Man riskiert ja nichts. Geht's schief, die Schuldigen sind auf alle Fälle nicht die Kinder, sondern alles andere, das System, die Lehrer und was weiß ich noch.

Aber nochmals zurück zu den Arbeitgebern und der Vermittelbarkeit von Jugendlichen, zu fehlenden elementaren Charaktertugenden.

In diesem Zusammenhang ist wohl auch eine Zahl aus Deutschland interessant, die dies verdeutlicht. In den Jahren 2009 und 2010 konnten in der BRD 50.000 Lehrstellen nicht besetzt werden, weil die geeigneten Jugendlichen fehlten. Andererseits bekamen im gleichen Zeitraum an die 9.500 Jugendliche keine Lehrstelle, weil sie einfach nicht dem Anforderungsprofil entsprachen. Die Begründung liegt genau in den von mir angerissenen Problemen. Auch jetzt aktuell hört man rundum Besorgnis über fehlende Lehrlinge, zukünftigen Mangel an Facharbeitskräften.

Es fehlt an KOMPETENZEN schlechthin, einer fundierten Ausbildung, an Willen dazu, an Ordnung, an Gewissenhaftigkeit, an Ausdauer, an einer Selbstorganisation, einer Selbsttätigkeit, einer Eigenverantwortlichkeit, oftmals auch an Charaktertugenden, die für eine Eingliederung in die Arbeitswelt absolut notwendig sind.

Ein Beispiel dazu:
In vielen Schulen verfügen die Schüler über Spinde und können so den Großteil der Schulsachen in der Schule lassen. Unnötiges Hin- und Herschleppen von schweren Schultaschen soll damit verhindert werden. Dieses Ansinnen wird aber von vielen Schülern sehr oft überzogen, bewusst falsch verstanden, einfach ignoriert und es bleibt praktisch alles in der Schule. Mag sein, dass darin auch eine Ursache für das Auftreten von Schülern ohne Schulsachen ist. Sie bereiten sich dann vom Spind weg auf den neuen Schultag vor. Warum sollte es dann plötzlich am Arbeitsplatz anders sein?

Eine **Hausübung** jedenfalls ist demnach nicht denkbar, auch ein geordnetes Lernen nicht und damit ist wohl schon viel – wenn nicht alles – gesagt. Es fehlt der Ordnungsrahmen, die Selbstdisziplin. Es fehlen Übungs- und Lernphasen. Wenn man nicht in der Schule in eine Lernphase hineinführt, also versucht, mit den Schülern auch zu lernen, ist der Schüler absolut blank.

Vor wenigen Jahren hatte die *Kronenzeitung* zu diesem Thema aufhorchen lassen. Sie wusste nämlich zu berichten (Mai 2010), dass in Wien Hausübungen gar nicht gegeben werden dürfen, und wenn man Hausübungen gibt, diese in keinem Fall in die Mitarbeit einbezogen werden dürften.

Also eine negative Mitarbeitsbeurteilung aufgrund nicht gebrachter Hausübungen sei nicht gestattet und könnte zu Einsprüchen bei der Notengebung führen. So wurden zumindest Gewährsleute interpretiert.

Es versteht sich fast von selbst, dass man dies so nie formuliert haben will, dass das überhaupt nicht in der dargestellten Form stimme und natürlich alles ganz anders sei. So lauteten zumindest die offiziellen Dementis.

Abschließend verdeutlicht sich auch, dass ein Hinausschieben von Entscheidungen, sich einer Aufgabe stellen zu müssen, unabdingbar von der Schule einzufordern ist. Wann erfolgt dieser lebenswichtige Lernprozess, wenn nicht in der Schule?

Eines ist aber ob dieser Problemfelder schon deutlich geworden. Will man die Schule verbessern, etwa zu einer ganztägigen Form übergehen, dann muss die Schule auch das Lernen mit den Schülern übernehmen. Das impliziert aber nicht, dass es dann keine Schüler gibt, die den Jahreserfolg nicht erreichen.

Die Verantwortlichkeit hat sich verlagert, das ist richtig, aber wenn die Verweigerung zum Lernen weiterhin aufrecht bleibt, scheitert man auch in diesem System. Eine Reform muss also mehr als eine äußere Organisationsveränderung umfassen. Offen ist natürlich auch die Frage: Wollen alle Eltern eine Ganztagsform?

Manche Eltern haben doch noch das Verlangen, am Werdegang ihres Kindes mitzuwirken oder einfach die Elternrolle so zu besetzen, dass man möglichst viel Zeit miteinander verbringen kann.

Hier läuft im Moment ein Meinungsbildungsprozess, der zwei Gruppen sieht. Veränderung des Schulalltags in Richtung Ganztagsform fordert die eine Gruppe, Veränderung der Unterrichtsgestaltung, eine innere Reform, die andere Gruppe, die das in der Einführung der »Neuen Mittelschule« dann schon verwirklicht sieht.

Abschließend gehe ich davon aus, ich konnte ein bisschen vermitteln, unter welchem Druck, unter welchen Rahmenbedingungen und Begleitumständen da (in den Kooperationsklassen, aber auch anderen Klassen) gearbeitet wird und werden muss.

3

ERSCHEINUNGSBILD UND ARBEITSHALTUNG DER SCHÜLER

Wie schon dargestellt, glaubte ich mit meiner Berufserfahrung, meiner sehr großen Motivation und dem Wunsch, einen wirklich guten Lehrer abzugeben, meine neue Aufgabe bewältigen zu können. Immerhin verfüge ich über eine überaus große Berufserfahrung, war als Leiter einer Schule natürlich auch mit Negativerlebnissen und speziellen Herausforderungen und dem Umgang damit vertraut und wähnte mich wieder in meinem mir vertrauten Umfeld. Ich war der Meinung, bestens vorbereitet und absolut gut gerüstet zu sein, um diese neue Aufgabe zu bewältigen.

Allein, Lehrer in Wien zu sein erfordert ein völliges Umdenken, zumindest wenn man, wie in meinem Fall, nach dreißig Jahren in einer steirischen Kleinstadt in Wien landet. Vielleicht ist es für Wiener Lehrer bzw. Wiener Junglehrer ein leichterer Status als Lehrer, wenn man von Anbeginn mit diesen »Verhältnissen« aufwächst bzw. seine Ausbildung in diesem Umfeld machen muss.

Man darf auch meine Situation nicht generalisieren, darauf habe ich deutlich hingewiesen und mache es nochmals. Sicher gibt es viele tolle Schüler und auch viele Kollegen, die meine Ausführungen nicht bestätigen und nachvollziehen können. Es ist, wie gesagt, eine ganz persönliche Darstellung meiner fünfjährigen Tätigkeit und das sollte so verstanden werden und mir auch zugestanden werden, dass ich diese Zeit so reflektiere, wie ich sie subjektiv erlebt habe.

Dieses Umdenken beginnt einmal mit dem »**Erscheinungsbild des Schülers**«. Nicht selten kommen Schüler ohne jedes »Werkzeug« zur Schule. Eine Schultasche oder selbst ein modischer Rucksack ist wohl »uncool« und offensichtlich störend für die Vorhaben außerhalb der Schule. Denn dass diese Schüler unmittelbar nach Unterrichtsschluss in die elterliche Wohnung gehen, ist ein Trugschluss. Sie treffen Freunde, »treiben sich herum«, in Einkaufszentren, auf der Straße, auf der Donauinsel (manchmal sogar in verbotenen Lokalen, um mit Automaten zu spielen) und wer weiß, wo noch. Also Schultasche, Schulutensilien sind störend.

Selbst die vom Staat zur Verfügung gestellten Bücher und Hefte sind oft nach kurzer Zeit verschwunden. Der Einfachheit halber antworten dann diese Schüler auf die Frage: »Wo sind dein Hefte, deine Bücher?«, wie wir wissen, sehr lapidar: »Die wurden mir gestohlen!« Niemals übernimmt man in diesen Kreisen Verantwortung, es wird immer alles auf andere, auf Außeneinwirkungen geschoben.

Dies ist kein Einzelfall, die Zahl der Schulbesucher, die lediglich mit Handy und Zigaretten »bewaffnet« daherschlendern, ist überaus groß. Ja selbst bei angesetzten Schularbeiten, monatelang vorangekündigten Terminen, muss man mit Schreibutensilien aushelfen. Sie kommen blank, desinteressiert, ohne jegliche Arbeitshaltung zur Schule. Diese Erfahrung musste ich mehrmals auch bei Nachprüfungen machen. Insgesamt sind maximal 1% bis 3% der Schüler, die eine Nachprüfung hatten, zur Nachprüfung gekommen. Die, die kamen, taten dies unter Druck, natürlich unvorbereitet, ohne irgendwelche Schreibutensilien, nicht zum festgesetzten Termin und waren überhaupt nicht kooperativ beim Versuch, sie doch noch positiv abschließen zu können.

Ein Schüler, der drei Tage nach dem angesetzten Termin zu mir kam, meinte:

> »Ich komme nur, weil ich dann vielleicht eine Lehrstelle (pers. Anmerkung: Fremdenverkehrsbranche) bekomme oder auch nicht! Gelernt habe ich nichts, denn wer braucht den ›Blödsinn Englisch?‹«

Es erübrigt sich, über das Ergebnis weiter nachzudenken. Mittlerweile sind zwei Jahre vergangen und noch immer lebt der Jugendliche ohne Arbeit in den Tag hinein. Manchmal zieht es ihn zu seiner alten Schule, da steht er dann davor, raucht eine und lässt sich von den aktuellen Schülern, ganz besonders von den Schülerinnen bewundern.

Diese »blanken – ohne jegliche Utensilien zum Unterricht kommenden Schüler« können nicht einmal ihre persönlichen Bedürfnisse abdecken, wie bei Schnupfen etwa.

> »Haben Sie ein Taschentuch für mich, schnell, ich brauch das!«

Oder sie zweckentfremden die Papierhandtücher beim Waschbecken mit einer derartigen Verschwendungssucht, dass oft schon im April das Jahreskontingent aufgebraucht ist.

Viele Schüler gaben auf Befragung von mir an, dass sie erst abends, manchmal spät abends (also nach 22 Uhr) nachhause zurückkehren.

Eine Schülerin einer Wohngemeinschaft, die per Gesetz die Verantwortung von der Mutter übertragen bekommen hatte und sich um das Mädchen kümmern sollte, konnte offensichtlich ungehindert bis zwei, drei Uhr früh unterwegs sein.

In diesem Zusammenhang konnte ich feststellen, dass auch viele ein bewusst kalkuliertes großes **Schlafdefizit** haben. Geschlafen wird in der Schule. Das drückt sich auch immer wieder in tief schlafenden Schülern aus, die oft gar nicht zu wecken sind. Sie schlafen bei jeder Gelegenheit, Unterricht stört sie dabei nicht.

Wir im Lehrerteam waren nicht wenig überrascht, als wir in einzelnen Elterngesprächen erfuhren, dass Kinder mit Wissen der Eltern bis Mitternacht, in einem Fall regelmäßig bis zwei, drei Uhr in der Früh, am PC saßen und in der Traumwelt des Internet bzw. auf Facebook verweilten.

Einen Achtstundenschlaf haben demnach wohl meist wir Lehrer, aber unsere Schüler sehr oft nicht. Viele Schüler gaben an, so sechs bis sieben Stunden zu schlafen, in Einzelfällen lediglich fünf oder vier oder sie gaben das Schlafdefizit – »ich konnte erst in der Früh einschlafen« – als Begründung für ein fast regelmäßiges zwei-, dreistündiges Zuspätkommen an.

Dementsprechend hört man dann von zu spät Kommenden immer wieder, »ich habe verschlafen, ich bin so müde«. Richtig gelesen, ein Wort der Entschuldigung fehlt natürlich. Fordert man dies ein, geht eine Schimpfkanonade los:

> »Ich hab verschlafen, ja, was soll ich machen, was is da so schlimm dran, regen Sie sich ab, ich brauch auch Schlaf, da versäum i eh nix, wir machen eh nur lauter Blödsinn und unnütze Sachen, die keiner braucht!« Oder: »I bin a Mensch, i brauch den Schlaf!«

Ähnliche Formulierungen, sehr aufmüpfig und überaus selbstbewusst vorgebracht, kann man öfters hören.

Konfrontiert man die Eltern damit, vor allem mit dem ständigen Zuspätkommen, sind vor allem Alleinerziehende oft hilflos. Da ist dann von Müttern zu hören:

> »Ich wecke meinen Sohn regelmäßig um sechs Uhr auf und gehe dann zur Arbeit! Offensichtlich ist er wieder eingeschlafen! Ich rufe immer an und wecke ihn und er verspricht mir aufzustehen, was soll ich machen, ich muss arbeiten.«

Womit wir dann generell beim Problem der **Pünktlichkeit bzw. der Unpünktlichkeit** von Schülern angekommen sind.

Doch zuvor noch einige Bemerkungen zum Outfit und den Unterrichtsutensilien. Schüler kleiden sich sehr unterschiedlich, wohl auch nach den finanziellen Gegebenheiten. Deshalb möchte ich darüber nicht viel berichten, sondern einfach auf den Umstand verweisen, dass manche Schüler (Mädchen vor allem) »overdressed« und manche wirklich ärmlich gekleidet sind. Ich meine damit, dass einzelne Schüler zerrissene, verschmutzte Jeans, ausgeleierte Jogginghosen und oft unzureichendes, kaputtes Schuhwerk tragen. Wobei diese »Joggingmode« ja tatsächlich nervt.

Laut Schulordnung sollten alle Schüler **Hausschuhe** haben und diese beim Betreten der Klasse auch anziehen. Das klappt selten bis gar nicht. Es fehlen schlicht und einfach Hausschuhe, oft auch aus Bequemlichkeit.

Schüler gehen dann barfuß, mit Socken oder Strümpfen. Es herrscht deshalb ein permanenter »Machtkampf« zwischen Schülern und Lehrern in dieser Frage und ein Hauptteil an Energie verpufft bei dieser Angelegenheit. Ständiges Ermahnen, ständiges Ignorieren von Anweisungen, blödsinnigste Fragen zermürben und

> »Warum, wieso... Sie haben ja auch Schuhe an, ziehen Sie Ihre Schuhe aus!« »Tun Sie sich nix an, müssen eh net Sie putzen!«

sind nicht nur freche Antworten, sondern nerven wirklich.

Ein anderes Problem sind **Kappen, Hauben und Kapuzen.** Diese Kopfbedeckungen werden ständig getragen, oft auch überlappend und fast schon zu jeder Jahreszeit. Also Haube und Kapuze im geheizten Klassenzimmer sind fast normal für diese Schüler!

> »Mir ist kalt, ich hab Kopfweh, was macht das, Mann, was stört Sie an meiner Kappe?«

So lautet meist die nicht befriedigende Antwort bei der Ermahnung, sich an Vereinbarungen zu halten: »Gib die Mütze runter, die Haube weg und auch die Kapuze runter!«

Einziges Utensil, das Schüler regelmäßig zum Unterricht bringen, ist – wie kann es anders sein – das **Handy.** Und hier herrscht ein Dauerkampf bei der Einhaltung der Vereinbarungen.

Die Aufforderung:

»Gib dein Handy weg, gib dein Handy her, du bekommst es am Ende des Unterrichtstages zurück«, wird einfach negiert.

»Nein, das ist mein Handy, was wollen Sie, das gehört mir, Sie haben kein Recht auf mein Handy, ich geb's nicht her, Sie dürfen meinen Besitz nicht angreifen, geben Sie die Finger weg!«

So reagiert die eine Gruppe.

Die andere folgt der Aufforderung und ist zumindest bis zur nächsten Pause einsichtig. Dann beginnt das Spiel wieder neu. Wer immer sich wundert, es ist so, fast täglich der geschilderte Ablauf, und welche Möglichkeiten bieten sich dem Lehrer wirklich, hier nachhaltig Einhalt zu gebieten?

Richtig! Keine! Weder eine Drohung beeindruckt noch eine Bestrafung (Abschreiben der Schulordnung bzw. der geschlossenen Vereinbarungen) und schon gar nicht ein Wegnehmen. Wenn ein Schüler aus dem Normenkatalog von Benehmen und Regeln aussteigt, sind alle Chancen dahin, hier eine positive Verhaltensänderung herbeizuführen.

Einsicht fehlt komplett, im Gegenteil, man bereitet als Lehrer Konfliktpotential auf, das man als vorausblickender Pädagoge erkennt und zum Schutz des Schülers und auch aus Eigenschutz deshalb oft sogar vermeidet.

Denn Schüler rasten hysterisch aus, benehmen sich völlig daneben, wenn es um ihr geschätztes, heiß geliebtes Handy geht und ein Lehrer dagegen einschreiten will. Selbst Schüler, die schreien und weinen, gibt es, wenn man ihnen das Handy dann letztendlich doch unter Androhung allerschärfster Strafen wie Suspendierung abnehmen konnte.

Es ist also fast aussichtslos, eine Verhaltensänderung herbeizuführen! Darin liegt auch die Begründung, dass ich bislang nicht ein einziges Mal die Schulordnung abschreiben ließ, weil es keine einsichtige Verhaltensänderung herbeigeführt hätte und demnach aus meiner Sicht eine sinnlose Maßnahme darstellt.

»Gib das Handy weg, schalt das Handy aus, gib das Handy her, dein Handy erhältst du nach Unterrichtsschluss, wir haben Handyverbot in der Klasse, das Handy sollte im Spind sein, kennst du die Schulordnung nicht, warum hältst du dich nicht an unsere Vereinbarungen?«

Diese Sätze wiederholen sich x-Mal am Tag, Tausende Male im Schuljahr, quasi bis zur Erschöpfung!
Was hier an Energie für das Handyverbot aufzuwenden ist, können sich Außenstehende nicht einmal im Ansatz vorstellen. Schüler sind absolut handysüchtig und geradezu hilflos, quasi nackt ohne Handy. Trotz Vereinbarungen, trotz vieler Appelle an die Vernunft greift hier gar nichts. Es ist das einzige Instrument, das sie perfekt beherrschen, oft viel besser als die Lehrer, und natürlich auch ein Statussymbol.
Dementsprechend verteidigen sie die Abnahme des geliebten Handys, beschimpfen und beleidigen Lehrer dabei, dass viele Kollegen einfach schon wegschauen, weil der Energieaufwand – tagtäglich aufgebracht – zu keiner positiven Verhaltensänderung insgesamt führt. Resignation ist die treffende Bezeichnung für diese Situationen.
Obwohl also die Schulordnung klare Vorgaben für eine handyfreie Klasse und störungsfreien Unterricht enthält, sieht die Wirklichkeit anders aus. Es bedarf einer nervigen Konsequenz, hier den Missbrauch einzudämmen bzw. abzustellen. Es wäre nämlich täglich notwendig, diese handyfreie Zone dadurch herzustellen, indem man die Handys vor dem Unterricht abnimmt und nach dem Unterricht wieder aushändigt.
Schüler verweigern das allerdings mit fadenscheinigsten Hinweisen:

»Ich muss meine Mutter anrufen, warten Sie, ich bekomme einen Anruf, wann ich zum Arzt muss, ich erwarte einen wichtigen Anruf.«

Solche und ähnliche Ausreden sind andauernd zu hören. Irgendwann ermüdet man dann als Lehrer, wird inkonsequent und hat damit eigentlich schon »verloren«.
Diese Konsequenz fehlt auch mir bereits: »Mea culpa« in meinem Fall. Es ist mir einfach zu dumm, täglich ein derartiges Zeremoniell zu vollziehen. Auf Ermahnungen wegen des Handys höre ich ständig: »Es ist abgedreht, ich telefonier eh nicht« – das unterminiert das Bestreben und müde von dieser Tretmühle vernachlässigt man diese so wichtige Forderung für den Unterricht und die Konzentration und ärgert sich dann bei häufigem Missbrauch.
Schüler telefonieren dann später ungeniert im Unterricht:

»Ja, gleich, mein Vater, meine Mutter sind dran, warten
Sie, mein Gott, was soll das?«
»Sie stören, machen Sie sich nicht wichtig, wozu hat man
ein Handy? Es ist mein Freund, er muss mir etwas Wichti-
ges sagen!« Plötzlich ein Aufschrei und Weinkrampf: »Der
Hurensohn hat mit mir Schluss gemacht, das pack i net, er
geht jetzt mit XY, der Hure, die jeder im Gemeindebau
fickt! Ich muss sofort weg, ich halts net aus!« Und weg
war sie!

Soweit ein Konkretfall zum Handy.

Welchen enormen Stellenwert das Handy bei Kindern hat, verdeut-
lichen auch immer wieder Zeitungsberichte. So stach sich ein 13-
jähriges Mädchen mit einem Messer selbst in den Bauch und verletzte sich schwer, zum Glück aber nicht lebensbedrohend, weil die
Mutter als Strafmaßnahme ihm das Handy abgenommen hat.

Wie gesagt, beim Handy kehre ich vor eigener Tür: Mangel an
Konsequenz oder Ermüdungserscheinung, Resignation oder Ohnmacht? Kurz: Auch meine Schuld!! Inkonsequenz fördert Miss-
stände. Es ist auch stets ein »Kampf«, das Handy übermittelt zu bekommen. Burschen stecken es in ihre Tasche, Mädchen oft in den
Ausschnitt bzw. BH:

»Ich hab es abgeschaltet, weggegeben, sehen Sie, beruhi-
gen Sie sich!«

Man lässt dann ab und wenige Minuten später ist das Handy wieder
in Betrieb.

Auf die Ermahnung eines Lehrers, das Handy wegzugeben, sich
einzubringen, mitzuarbeiten, meinte der Ermahnte, der sehr selten
die Schule besuchte und überhaupt keine Arbeitshaltung hatte:

»Halt die Goschn, du Hurensohn, du nervst, was provo-
zierst du mich, geh scheißen. Suspendiere mich, ist mir
doch egal, da fürchte ich mich aber, ha, ha!«

Die Hinführung zur Einsicht für ein Fehlverhalten, die Sanktionierbarkeit all dieser Verfehlungen, Beleidigungen, Respektlosigkeiten
– sind faktisch null! Man könnte eine Suspendierung aussprechen,
aber auch dazu sind neuerdings »Vorläufe« notwendig, muss diese
Möglichkeit schon angedroht sein, um sie dann endlich vollziehen
zu können. Mit anderen Worten, eine derartige Frechheit und Respektlosigkeit geht durch, wenn das der erste grobe Verstoß ist.

Nach einer Woche oder 14 Tagen ist dann der Schüler wieder »unterrichtsberechtigt« und es geht sozusagen in die nächste Runde. Die nächste Eskalation ist vorprogrammiert. Ein Verbot, den Unterricht für ein oder zwei Wochen nicht besuchen zu dürfen, führt keine Verhaltensänderung herbei. Nicht einmal im Ansatz, im Gegenteil, diese Schüler steigen bei Gleichgesinnten sogar im Ranking von Achtung und Respekt!

Es erfolgt keine Verhaltensveränderung trotz vieler Ermahnungen, Suspendierungen, und wen wundert es, dass ob dieser eingefahrenen Schiene von Arroganz und Respektlosigkeit Schüler dann doch einmal vor dem Richter und letztlich im Gefängnis enden. Bei diesem Schüler war das jedenfalls der Fall.

Der Ordnung halber sei erwähnt, dass gewiefte Schüler natürlich das Handy auch für Schwindelversuche verwenden, es als Fotoapparat benützen und damit Fotos unerlaubter Art schießen (es direkt im Unterricht auf Facebook stellen) und es in den Pausen auch als Videokamera einsetzen bzw. ständig Musik abrufen, die schlichtweg stört und nicht der Erholung in den Pausen dienen kann. Kurz und einfach, Cybermobbing und die Hilflosigkeit dagegen beginnen oftmals hier!

Wie stark diese »Handyhörigkeit« auftreten kann, beweist die Tatsache, dass das Handy von einem Schüler gesperrt wurde, nachdem er über 800 € in einem Monat vertelefoniert hatte.

Ähnliche Überschreitungen in derartiger Größenordnung treten nur in Einzelfällen auf, aber sie zeigen die Tendenzen. Auch Eltern sind ebenfalls hilflos, hier eine Verhaltensänderung herbeizuführen, obwohl sie die Leidtragenden, die Zahler sind.

Handysüchtige Kinder bringen sie zur Verzweiflung. Einmal nahm ein völlig hilfloser Vater (sein Sohn terrorisierte ihn offensichtlich wegen eines »Kult«-Handys) sogar einen Kredit auf, um das neueste Modell von Apple zu kaufen, und beschwerte sich bei mir, dass wir das Handy in der Schule nicht abschaffen und total verbieten.

Anderseits muss man auch festhalten, dass selbst die leistungsmäßig schlechtesten Schüler eine »Handy-Intelligenz« aufweisen, die sagenhaft ist. Sie kennen alles vom Handy, jede technische Facette, sind umgangssicher und übertreffen uns Erwachsene (zumindest mich) mit spielerischer Leichtigkeit. Nicht selten wunderte ich mich über diese Fertigkeiten von Schülern, denen ich gar nichts zutraute. Offensichtlich motiviert, kommt es dann zu »Höchstleistungen« – zumindest bei der Nutzung des Handys.

Zusammenfassend im Hinblick auf **Unterrichtsutensilien,** fehlen Hefte, Bücher, ja das Bewusstsein, welchen Gegenstand man im Moment bzw. in der nächsten Stunde hat. Das Fragenrepertoire lautet:

> »Was haben wir jetzt?« »Welche Heftfarbe hat der Gegenstand?« »Ich find mein Heft nicht!« »Wer hat mein Buch gesehen?« »Ich habe nichts zu schreiben, haben Sie einen Stift, haben Sie einen Zirkel, einen Radiergummi, ein Blatt Papier?«

Eher selten, aber doch:

> »Was? Wir haben Schularbeit?« »Sie lügen. Das hab ich vergessen, kann ich die Schularbeit morgen schreiben, ich habe nichts gelernt!«

Ich benötigte von da an einmal sieben (!) Wochen, um zu einer Schularbeitsnote zu kommen! Und ein Schüler suchte überhaupt das Weite, wie ich schon berichtet habe. Ich bekam ihn für den Rest des Schuljahres nicht mehr zu Gesicht!

Es fehlt jede Art von Organisation, Arbeitshaltung, von Verantwortung, Leistungswillen, von Neugier auf Neues, von Nutzen von Chancen, von Verantwortungsbewusstsein, es ist einfach ein Kampf und Krampf gegen Unlust, fehlende Einsicht und Motivation, tagtäglich aufs Neue!

Ein Vorbereiten auf die nächste Stunde ist unbekannt und nicht vorhanden, ja – weit gefehlt! Wer nun davon ausgeht, dass die Schüler die Pause dann optimal für andere Zwecke nützen, z.B. Hunger und Durst zu stillen, die Toilette zu besuchen, auch der wird eines Besseren belehrt.

Ständiges Essen und Trinken, die ständige Frage: »Darf ich aufs WC?« sind Wegbegleiter im Unterricht. Mehrere Schüler verfügen nicht über die **Koordination ihrer Bedürfnisse** bzw. einer sinnvollen Ausnutzung der Pause.

Es interessieren Essen und Trinken und auch das WC, aber nicht im Ordnungsrahmen einer Pause, sondern im wahrsten kindlichen Sinne von Kleinkindern, dann eben, wenn es sein muss oder aus irgendeiner Laune heraus sein soll!

Manchmal ist das Verlangen nach einer Zigarette oder der Wunsch zu telefonieren Grund für den WC-Besuch.

»Ich muss, ich halte es nicht aus, ich brunze (immer wieder zu hören, obwohl ich energisch gegen diese Ausdrucksweise auftrete) mich an, was soll das, Oida, es muss jetzt sein.« »Das is a Grundrecht!« »Wollen Sie die Polizei rufen? Ich geh jetzt aufs WC oder wollen Sie, dass ich in der Klasse scheiße?«

Solche »Dialoge«, ordinäres Fehlverhalten bzw. Monologe sind immer wieder mal zu hören.

Es darf nicht verwundern, dass deshalb die Toiletten zugesperrt sind und wir einen ununterbrochenen »Schlüsseldienst« haben. Das ist die einzige Chance, das Rauchen auf den Toiletten einzudämmen und die Toiletten auch vor Verwüstung zu schützen.

Nicht umsonst hören wir immer wieder von Arbeitgebern, Jugendliche hätten kein Stehvermögen, keine Ausdauer, wollten ständig auf das WC und benötigten Zusatzpausen für Nahrungsaufnahme und vor allem das Rauchen.

Zigaretten gehören nämlich ebenfalls zur Standardausrüstung vieler Schüler. Nach einer informellen Befragung von mir: »Rauchst du?« stellte sich heraus, dass von meinen befragten Schülern (N=110) 73% rauchten. Oft wird dies von den Eltern unterstützt, sie geben dem Kind die Zigaretten direkt oder das dafür notwendige Geld täglich.

Es ist aus meiner Sicht fast die These zulässig, je geringer der Schulbesuch bzw. der Bildungsstand ist, desto wahrscheinlicher raucht der Schüler.

Und der Zigarettenkonsum ist keineswegs niedrig. Sehr viele Schüler geben an, dass sie täglich ein Päckchen, oft schon mehr brauchen. Ich konfrontiere sie dann immer mit einem Kostenaufwand von mindestens 130 € im Monat, was bei den Schülern lediglich ein Achselzucken hervorruft.

Und was mich ebenso verblüffte: Bei sehr vielen Schülern ist ein klares Suchtverhalten erkennbar. Sie reden andauernd vom Rauchen, werden zappelig und unternehmen alles, was verboten ist, um während des Vormittags zu einer oder mehreren Zigaretten zu kommen.

Sie verstecken sich, verlassen unberechtigt das Schulgebäude, täuschen Übelkeit vor, einen dringenden Weg zum Hauptgebäude, um einen Lehrer zu sprechen. Nicht selten fragen sie direkt:

»Kann ich eine rauchen gehen? Ich muss eine rauchen, lassen Sie mich!« »Bitte!« »Haben Sie nie geraucht? Ja, i bin halt süchtig, das is ma wurscht, i muss jetzt rauchen!«

Sie rauchen bis zum und vom Schultor weg, ohne irgendeine Scheu vor Lehrern. Bereits ab 11 Uhr beginnen in der Klasse, im Unterricht Verhandlungen um eine Zigarette in der ihnen eigenen Sprache:

»Hast du Tschick, Zigarette? Gib mir eine, ich brauche eine, ich gebe sie dir morgen zurück, ich habe kein Geld, gib, gib, Hurensohn, ich hab dir auch gegeben.«

Der Zigarettenbasar ist eröffnet.

Man kann sich vorstellen, wie sehr die Konzentration auf den Unterricht dabei vernachlässigt ist. Diese Umgangsweise mit einem klaren Verbot, die Negierung klarer Vorschriften sehe ich im Moment auch in unserer Gesellschaft, wenn man sich die Diskussionen rund ums Rauchverbot in Gaststätten vergegenwärtigt. Unsere Jugend ist dabei ein Spiegelbild.

Manchmal werden Kinder lediglich nur mehr finanziert, nicht mehr erzogen. Diese Aufgabe haben manche Eltern an die Schule abgetreten, nur der fehlen die Rahmenbedingungen.

Für eine **Erziehung** benötigt man mehr Möglichkeiten als das Abschreiben der Schulordnung bzw. der Verhaltensvereinbarungen.

Ach ja, da gibt es noch das belehrende Gespräch oder die Vorladung der Eltern. Was kann das bringen?

Wenn die Eltern kommen, die die Erziehung bereits delegiert haben, ist das Ergebnis vorweg bestimmt! Solange die Erziehung vermehrt in die Schule verlagert und delegiert wird, wird die Forderung aufrecht erhalten werden müssen, den Lehrern geeignete Erziehungsmittel zur Verfügung zu stellen. Dazu scheint aber ein Großteil der Gesellschaft nicht bereit zu sein.

4
VEREINBARUNGEN UND DISZIPLIN

Schon mehrmals habe ich in meinen Ausführungen über fehlende Charaktertugenden, Disziplin, Ordnungsrahmen gesprochen und habe dabei auf ein Beispiel, die Pünktlichkeit, verwiesen.

Ich sehe in der Pünktlichkeit oder besser in der Unpünktlichkeit von Schülern zum Unterricht den Beginn allen angesprochenen Übels. Befassen wir uns deshalb nun konkret mit der **Pünktlichkeit und Verfehlungen** dazu.

Dabei geht es klipp und klar um **Disziplin** und in der negativen Besetzung um **Disziplinlosigkeiten** im Schulalltag. Mag sein, dass dieses Problem österreichweit eine Rolle spielt, in Wien ist das zumindest im Pflichtschulbereich teilweise gesichert. Befragt man Wiener Lehrer, was ich natürlich getan habe, wo denn der Schuh besonders drücke, kommt die Beschwerde über Disziplinlosigkeit am häufigsten, praktisch an erster Stelle in einem Ranking. Hier ist also eine wunde Stelle im Schulalltag, wenn man den Ausführungen von Lehrern Glauben und Aufmerksamkeit schenkt.

Disziplin ist aber der normative Oberbegriff im pädagogischen Handeln, ein »Zauberwort« in der Pädagogik, ein allerdings verpöntes Zauberwort!

Im Wahn, niemanden zu überfordern, alles lustbetont und »watscheneinfach« und »funmäßig« verpacken zu müssen, geht der Leistungsgedanke, ja der Leistungswille unter! Diese Gleichmacherei hat eine Nivellierung nach unten zur Folge, über die noch zu sprechen sein wird.

Lernen ist nicht nur »easy« und bringt »fun«, Lernen ist Knochenarbeit, harte Herausforderung und nicht ein lockeres Spiel bei Kaffee und Musik, ein bisschen »Hineinschauen«.

Lernen bedeutet Anstrengung, Mühe, ab und zu auch quälen, sich selbst quälen, weil man so absolut nicht motiviert ist, aber die Prüfung mit Sicherheit kommt. Lernen bedeutet Konsequenz, Ausdauer, Kontinuität, Selbstdisziplin, Spannung, Neugier, letztendlich aber auch Befriedigung und Genugtuung, etwas geschafft zu haben.

Für mich und viele Kollegen ist klar, **OHNE DISZIPLIN** – die äußeren und inneren Rahmenbedingungen – geht gar nichts.

Die Schule sorgt dabei für den äußeren Rahmen, es werden Lerninhalte vorgegeben und vermittelt, erklärt, geübt und dann überprüft. Den inneren Rahmen bestimmt der Lernende selbst, das »Was-Wann-Wie« seiner persönlichen Lernorganisation. Die Übernahme des Wissens ins eigene Repertoire, die Anwendung des Gelernten ist letztendlich der Wesensinhalt des Lernens.

Aber wie auch immer dieser Rahmen interpretiert wird, irgendwann soll das Stoffgebiet, sollen die Erkenntnisse ins Gehirn eingespeichert werden, damit sie zu neuen Denkanstößen benutzt werden können. Vernetztes Denken wäre wohl die Höchststufe, die dabei angestrebt werden sollte.

Diese Aneignung von Können und Fertigkeiten ist Arbeit, schwere Arbeit, und wenn die Gesellschaft das verniedlicht, an Disziplinlosigkeiten vorbeigeht, dann kann es keinen gewünschten Erfolg geben, keinen Output, der den Schüler fit für die Universität, fit für die Arbeitswelt macht. **Um Output zu erhalten, bedarf es eines Input!**

Fachleute in der Pädagogik wissen das, allein sie mahnen und sprechen gegen den Wind. Es ist einfach nicht opportun, es schickt sich nicht, Disziplin und Anforderungsprofile anzusprechen, zu definieren und einzufordern. Das sind keine Modewörter, das wollen Schüler, Eltern, verantwortliche Politiker nicht hören!

Im Gegenteil: »Schule muss Spaß machen, spielerische Auseinandersetzung, ein Hort der Geborgenheit, der Fröhlichkeit«, derartige Anforderungen an die Schule werden da in Schlagwörtern an oberste Stelle gesetzt. Der Lehrer als Entertainer, der seinen Schülern den täglichen »Adrenalinkick« verpasst, der »Action« bietet, das ist wohl angedacht und gefordert.

Vor nicht allzu langer Zeit konnte man dazu einen interessanten Beitrag zu diesem Thema in der *Presse* lesen. In einem Gastkommentar vom 25. Mai 2010 sinniert, philosophiert und spricht Marian Heitger über Disziplin.

Was da unter dem Titel »Wer Disziplin missachtet, verhindert Bildung« zu lesen war, ist das Feinste und Erlesenste, was ich zu diesem Thema jemals zu Gesicht bekam:

Disziplin sei nicht zeitgemäß, sie habe mit Macht und Herrschaft zu tun und stünde im Widerspruch zu einem lustbetonten Lernen. Doch Denken erfordere Disziplin und es sei durchaus an der Zeit, sich mit der Forderung nach Disziplin auseinanderzusetzen.

Disziplin habe mit Zwang zu tun und dies sei nicht zeitgemäß, außerdem sei der Begriff oft von Diktatoren und Diktaturen missbraucht worden und deshalb negativ besetzt. Zwang habe nach der öffentlichen Meinung in der Praxis der Pädagogik nichts zu suchen, denn hier geht es um Selbstbestimmung und Freiheit und lustbetontes Lernen. Sehr oft hört man auch die Forderung nach Toleranz in diesem Zusammenhang. Allerdings geht es in der Pädagogik nicht um Toleranz, man müsse den anderen nicht nur ertragen, sondern auch Achtung ihm gegenüber aufbauen und seine Meinung respektieren.

Als der nunmehr ehemalige österreichische Außenminister unter anderem Finnland besuchte und sich nach dem »Rezept« des offensichtlichen Pisa-Erfolges erkundigte, erwarteten vermutlich viele, wenn nicht alle, die Antwort (frohe Botschaft), dass diese Erfolge dem System, dem Schulsystem zu verdanken seien.

Weit gefehlt, denn die Antwort war der Verweis auf DISZIPLIN in den Schulen und auch im Umgang miteinander.

Man solle sich doch in unseren Schulen umsehen und hineinhören, meint Heitger weiter, dann könne man Beleidigungen, die Fäkalsprache, die sexuellen Anpöbelungen kennenlernen, auf die näher einzugehen ein Schamgefühl und eine Sprachkultur verböten.

Hier treffen sich unsere Geister, denn lange bevor dieser Beitrag geschrieben wurde, nämlich zwei Jahre vorher, befasste ich mich schon auf meiner Ebene, nicht so hochwissenschaftlich fundiert, mit demselben Unbehagen und Problemfeld, wie man ja mittlerweile schon lesen konnte.

Disziplinlosigkeiten zeigten sich gleichermaßen im Verhalten, so der Autor weiter. Weder Pünktlichkeit noch Einhaltung einer gegebenen Ordnung seien gefragt. Eine aggressive Sprache begleite ein Verhalten, das häufig einen geordneten Unterricht nicht zulasse.

Es sei scheinheilig, wenn Nichtbetroffene und Schönredner von Lehrern einen guten Unterricht erwarten und auch noch die Vorbildwirkung des Lehrers einfordern. Die

Forderung sei berechtigt, es sei aber geradezu zynisch, wenn man den Lehrern gleichzeitig alle Mittel aus der Hand schlage, um eine Situation auch mit Zwang zu bewältigen.

Auf der anderen Seite sei es auch richtig, dass Disziplin noch keine Haltung und Einsicht verbürge. Selbst ein Freidenker wie Kant habe der Disziplinierung in der Pädagogik eine besondere Bedeutung eingeräumt, aber unsere heutigen Bildungspolitiker und demnach auch die öffentliche Meinung propagierten genau das Gegenteil.

Anstrengende Aufgaben seien zu vermeiden, fordern die Verfechter einer »neuen Schule« ein, Schulnoten müsse man abschaffen und das Wiederholen einer Schulstufe sei zu verbieten. Gegen diese Meinung helfen auch nicht die Klagen über mangelnde Ausbildung bei Schulabgängern, nicht die zunehmende Gewaltbereitschaft bei Jugendlichen. Mögen die Fakten noch so deutlich sein, es darf nicht sein, was nicht sein darf.

Disziplin sei ein Unwort, und wer sie fordere, der sei verstockt und lieblos. Auf der anderen Seite fordert man Leistungsstandards, werden Tausende von Studenten durch Aufnahmetests für diverse Studienrichtungen gepeitscht und die Universitäten knüpften ein enges Netz an Disziplinierungsmöglichkeiten und Kontrollen.

Diszipliniertes Denken ist ebenso zu einem Unwort geworden. Man wolle nicht einsehen, dass gerade dies das Fundament für eine gute Bildung und Ausbildung sei. Disziplinierung des Denkens erfordere ständige Kontrolle, Überprüfung von Argumenten und nicht dem Irrtum zu unterliegen, die mehrheitlich vertretene Meinung garantiere schon deren Richtigkeit.

(Eine persönliche Anmerkung dazu: Wie meinte Schiller einst sinngemäß, Mehrheit ist Unsinn, nur wenige haben Verstand und Überblick!)

Der Disziplinierung der Sprache folge die des Denkens. Disziplin sorge für Sicherheit und Ordnung und sie sei deshalb in Bildungseinrichtungen unabdingbar. Wer sie missachte, der verhindere die Möglichkeit von Ausbildung und Bildung. Jede Institution kenne Gesetze, die eingehalten werden müssten, wenn notwendig mit Zwang, wie im Straßenverkehr, beim Steuerzahlen, bei der Wahrnehmung von Dienstpflichten. Auch die Schule mache in dieser Hinsicht keine Ausnahme.

Wenn man den Lehrern die Möglichkeit nehme, Disziplin, auch wenn es gar nicht anders geht, mit Zwang und Sanktionen durchzusetzen, würden alle Reformen nichts bringen.

Es sei ein Widerspruch in sich, dass die Öffentlichkeit und der Boulevard jede Pflichtverletzung als kreative Abschaffung von Tabus feiere und andererseits die Vermittlung eines Bewusstseins von Disziplin von Lehrern erwartet werde.

Nun, wie immer man auch diese Gedanken, Thesen, Meinungen und Fakten zur Kenntnis nimmt, prinzipiell ist nichts hinzuzufügen. Man sollte diese Ausführungen durchaus mehrmals lesen und aufnehmen, denn in ihnen liegen mit Sicherheit die Ansätze für eine verbesserte Schule und Lernkultur mit zu erwartenden besseren Ausbildungsstandards. Für mich war es jedenfalls Balsam für die Seele.

Wir werden uns, ob wir wollen oder nicht, irgendwann wieder mit dem Begriff »Disziplin in den Schulen« befassen müssen.

Alle pädagogischen, administrativen Maßnahmen (Strafen aus erzieherischen Gründen sind schon längst als alt und ungeeignet abqualifiziert worden), die da gegen Ende des 20. Jahrhunderts empfohlen wurden, oder zumindest viele davon, greifen schlichtweg nicht oder kaum.

Ich spreche von **VEREINBARUNGEN**, die im Rahmen einer Schule zwischen Eltern, Schülern und Lehrern getroffen werden sollen, die durch Verschriftlichung und Beschlussfassung des Schulgemeinschaftsausschusses (SGA) dann zu einer Art »Gesetz« in dieser Schule werden.

Meist schreibt man derartige Vereinbarungen in einer **HAUS- und SCHULORDNUNG** nieder und fixiert darin unabdingbare Vorgaben, die von allen Beteiligten respektiert werden sollen, ja eigentlich müssen.

In derartigen Ordnungen geht es um das Schulklima, die Hausordnung, den Umgang miteinander, den Ordnungsrahmen, die gesetzlichen Vorschriften (z.B. Rauchverbot) und vieles mehr.

Diese Vereinbarungen werden oft gemeinsam erarbeitet, nachhaltig den Schülern und Eltern präsentiert, schriftlich übermittelt und unterschrieben. Allein, es bleibt ein armseliges Schauspiel, wenn man sich die Praxis vergegenwärtigt.

Praktisch vom Tag der Unterzeichnung weg kommt es zu Übertretungen, absoluten Verfehlungen, Negierungen, Zuwiderhandlungen. Beschämende Disziplinlosigkeiten als Produkt einer Gesellschaft, die auf dem falschen pädagogischen Weg diese Schere zwischen Ordnung und »laissez faire-Stil« ständig weiter aufmacht.

Konkret erwartet man von Schülern, wie eben schriftlich vereinbart, dass der Unterricht pünktlich um acht Uhr beginnt, dass die Schüler ab 7:45 Uhr das Haus betreten können und sich dann auf den Unterricht vorbereiten. Erscheint ein Schüler zu spät, muss die versäumte Unterrichtszeit nachgeholt werden. Absolute Pünktlichkeit ist unumgänglich, das war zumindest für viele Generationen eine Selbstverständlichkeit.

So steht die Forderung nach Pünktlichkeit heute trotz früherer Selbstverständlichkeit in den Vereinbarungen, die Realität aber schlägt allen Handelnden offen ins Gesicht.

Es ist zum »Aus-der-Haut-Fahren«, zum Schämen, zum Ärgern, zum Verzweifeln, zum Negieren, zum Toben, zum Abschalten und »Darüber-Hinwegsehen«. Vereinbarungen, Versprechungen, Veränderungen herbeizuführen, sind manchmal genau zwei, drei Stunden gültig. Sie sind auch das Papier nicht wert, auf dem diese manchmal schriftlich festgehalten werden. Es fehlt an Handschlagqualität, an Charakter.

Tausende von Minuten werden da bewusst für alles andere genutzt, nur nicht für einen pünktlichen Unterrichtsbeginn.

Das Repertoire an Entschuldigungen ist breit, verlogen, absurd, frech, dumm, bewusst hinterhältig, hinterlistig und beschämend, vor allem dann, wenn dieses Verhalten auch noch von Eltern gedeckt und unterstützt wird. Ich spreche hier von Co-Abhängigkeit der Eltern, die Schulschwänzen, grobe Pflichtverletzungen wider besseren Wissens decken und pardonieren.

Wo und wann soll ein angehender Mitarbeiter einer Firma sich Sozialtugenden, Charaktertugenden, Schlüsselqualifikationen – mit einem Wort – KOMPETENZEN aneignen, wenn nicht in der Schule? Nach wenigen Monaten sollen diese Jugendlichen, unsere Schüler in der neunten oder zehnten Schulstufe, sich in die Arbeitswelt integrieren, wie bitte soll das geschehen? Kollektives Wegschauen aller ist ganz sicher nicht die Lösung für ein Training und die Vorbereitung dafür, berufliche Aufgaben zu übernehmen.

Die moderne Pädagogik spricht sehr oft vom neuen Lehrer und verwendet den Begriff Coach, »Coaching« ist in der Schule ein Schlagwort geworden. Nennen wir es, wie wir wollen, auch der Coach verliert seinen Anspruch, wenn er keinen Schüler zum Coachen hat, weil dieser einfach unfähig ist, Tragweiten von Fehlverhalten zu erkennen! Ist das nicht auch eine Art der »Verdummung«, wie sie in einem Artikel im *FOCUS* im Juli 2010 hinterfragt, niedergeschrieben und definiert wurde?

> Trotz oftmaligem rechtzeitigen Eintreffens vor der Schule betreten viele unserer Schüler diese nicht.
>
> Sie stehen in Gruppen, Rudeln vor der Schule, blasen den Rauch ihrer Zigaretten als Spalier auf dem Weg zur Eingangstür der Schule in die Luft für die, die tatsächlich rechtzeitig zum Unterricht erscheinen wollen.
>
> Sie fühlen sich in diesen Momenten offensichtlich das einzige Mal bis zum Unterrichtsende wohl, wollen diese Gruppendynamik, dieses »Unter-sich-Sein«, nicht missen und nehmen alles andere an Unbill in Kauf.
>
> Doch was bleibt letztlich als Konsequenz? Ein Nachholen versäumter Unterrichtzeit, unmittelbar nach dem Unterricht. Ein Unterfangen mit enormem Aufwand, ständigem Telefonieren mit den Eltern, damit diese wissen, wo ihr Kind sich aufhält, Betreuung dieser unwilligen Schüler, denen jegliche Einsicht fehlt. Von einer Verhaltensänderung keine Spur!

Zwei Stunden pro Woche wendeten wir in einem Schwerpunktprojekt dafür auf, um zu coachen, aufzuzeigen, dass das Verhalten falsch ist. Der Ordnungsrahmen ist eine oberste Maxime im Zusammenleben in unserer Gesellschaft, allein in den Schulen wird ein solches Fehlverhalten zum Kavaliersdelikt.

Vorprogrammiertes Scheitern wird da sozusagen geübt, vertieft, gefestigt und den Erfolg sehen wir dann, wie schon erwähnt, bei den Berufspraktischen Tagen, wo die Jugendlichen von Firmenchefs nachhause geschickt werden, weil gravierende Mängel im Grundbenehmen feststellbar sind und Selbstverständlichkeiten wie Pünktlichkeit fehlen.

Das Ergebnis jeglicher Maßnahmen ist erschreckend, sie bewirken keinerlei Verhaltensänderung. Selbst als wir die Pünktlichkeit zu dem angesprochenen zweimonatigen Projekt machten, rigoros gegen Unpünktlichkeit vorgingen, die doppelte Zeit von Fehlzeit zum Einbringen ansetzten, änderte sich das Verhalten kaum.

Probleme gab es schon im Lehrkörper bei der demokratischen Abstimmung zu diesem Projekt. Obwohl alle für Pünktlichkeit sind, hatten sehr viele einfach die Erfahrung oder den Frust, dass nichts fruchtet, dass wir ohnmächtig vor der Verweigerung von pünktlichem Erscheinen stehen.

Es ist so, ein »Drum-Herumreden« beschönigt zwar, aber Fakt ist, die Schüler haben in dieser Charaktereigenschaft ein absolutes Defizit.

Selbst die positive Motivation – mir war ein pünktliches Erscheinen in diesem Zweimonate-Projekt eine Belohnung wert – lockte keinen einzigen Schüler zu einer Verhaltensänderung.

Halten wir also fest: Wenn man einige Schulen zu Unterrichtsbeginn beobachtet, dann ist die **erste Unterrichtsstunde eine Gleitstunde**.

Mitunter zieht sich dies sogar in die zweite Stunde hinüber. Scharen von Schülern stehen vor der Schule, nehmen bewusst eine Verspätung in Kauf und boykottieren eine geordnete, pünktlich beginnende Unterrichtsvermittlung. Dass in diesen ersten Stunden des Schultages meist sogenannte Hauptgegenstände angesetzt sind wie Deutsch, Englisch und Mathematik macht das Fernbleiben noch dramatischer. Es entstehen bewusst herbeigeführte Defizite, die nie mehr oder sehr selten aufgeholt werden können.

Doch was findet sich außer Pünktlichkeitsvorgaben noch in derartigen Vereinbarungen?

Da geht es einmal um die schon angesprochene **Hausschuhpflicht**, ein Dauerbrenner an Disziplinierungsversuchen.

Sie kennen die »Sieger«? Natürlich die Schüler. Manchmal gehen sie in Socken oder barfuß, am häufigsten jedoch mit den Straßenschuhen, wie schon dargestellt, in die Klasse. Mit aller Nachsicht könnte man das Sockentragen ja noch irgendwie verstehen, aber wenn dann Schüler im Winter über den schneebedeckten Schulhof zwischen Haupt- und Nebengebäude mit Socken hin und her huschen, versiegt dieses Verständnis sehr rasch. Selbst der Hinweis auf Bedrohung der eigenen Gesundheit fruchtet nicht.

»Ich habe keine Hausschuhe, sie wurden mir gestohlen, was wollen Sie, Sie haben ja auch Schuhe an!«»Nein, ich ziehe meine Schuhe nicht aus, wollen Sie mir drohen?« »Das geht Sie nichts an! Rufen Sie jetzt den/die Direktor(in) – da fürchte ich mich aber, ha, ha, ich habe keinen Bock aufs Schuheausziehen«»Machen Sie sich nicht wichtig, sehen Sie schlecht, das sind Hausschuhe!«

Soweit ein Einblick zu respektlosen und vielfach überzogenen Reaktionen zu diesem Thema. Manche aufgeforderte Schüler, sich entsprechend an die Ordnung zu halten, reagieren überhaupt nicht und gehen einfach am einmahnenden Lehrer vorbei. Totale Ignorierung als Provokation!

Mit einer Selbstverständlichkeit werden von diesen Schülern alle Defizite bagatellisiert. Es geht ihnen nicht unter die Haut, es berührt sie einfach nicht und sie verstehen diese Forderungen gar nicht. Da prallen zwei Welten aufeinander, noch präziser: Sie gehen aneinander vorbei, sie streifen sich nicht einmal!

Nachholen versäumten Stoffes, Nachschreiben von Schularbeiten sind weitere Vereinbarungen. Sie wissen bereits, dass man wegen des zahlreichen Schulschwänzens eine Schularbeit bis zu fünf Terminen, also über zwei bis vier Wochen hinweg ansetzen muss, um endlich alle Schüler zu erfassen.

Wer dazu noch glaubt, dass Schüler versäumten Stoff nachholen, nachschreiben, der irrt natürlich gewaltig.

»Das kann ich nicht, das habe ich nicht gehört, wo steht das, wann haben wir das gemacht, das finde ich nicht, da habe ich gefehlt! Zeigen Sie mir das. Das mach ich nicht, das braucht niemand!«

Das sind so die Dauerbrenner an Verantwortungen, die man dann ständig fast im selben Wortlaut hört.

Es fehlt jede Art von Arbeitshaltung, Gewissenhaftigkeit, jede Einsicht, dass ein Nachholen versäumten Stoffes ihnen hilft und helfen kann und sie weiterbringt.

Selbst eine absolut positiv ausgerichtete Einrichtung wie die eines freiwilligen Lernclubs zum Nachholen versäumter Stoffe, zum Nachschreiben, zu kostenloser Nachbetreuung durch anwesende Lehrer wurde nicht angenommen. Immer wieder verschwanden dazu beorderte Schüler unentschuldigt, nur wenige Schüler kamen freiwillig zu diesem Service der Schule.

Eine aufgetragene Arbeit, um Versäumtes nachzuholen, wurde ebenfalls sehr oft negiert.

Selbst wenn Lehrer diese Schüler sozusagen in den Lernclub begleiteten, verweigerten diese Schüler und gingen trotz Verpflichtung, in den Lernclub zu gehen, lächelnd am Lehrer vorbei aus dem Schulhaus.

Fassungslos und ohnmächtig muss man dieses Verhalten zur Kenntnis nehmen und wieder zum Hörer greifen und Eltern auffordern, auf das Verhalten des Kindes einzuwirken, das Fehlverhalten abzustellen.

Einmal erhielt ich die Antwort von einer Mutter, deren Tochter schon mehrmals suspendiert worden war, die auch schon mit Jugendamt und Gericht zu tun hatte, also als sehr, sehr schwierig einzustufen ist:

»Was haben Sie gelernt, können Sie nicht einmal eine 15-Jährige erziehen, was geht mich das an, was in der Schule ist, wie sie sich benimmt, ich bin nicht dabei, das werden Sie wohl selber abstellen können, wozu sind Sie Lehrer? Bei mir würde sie so etwas nicht machen, eher hat sie eine Ohrfeige!«

Ich ging einmal mit einem Schüler wegen fehlender Kenntnisse im Prozentrechnen in eine tiefere Diskussion und versuchte ihm klarzulegen, dass ein selbstverschuldetes Fehlen durch Schwänzen von drei Wochen ihn doch nicht davor befreien könne, das Prozentrechnen zu erlernen.

Ich erzielte keine Einsicht, keine Verhaltensänderung, lediglich Resignation des Schülers, der meinte:

»Na und, dann kann ich das eben nicht! Das brauch ich eh nicht, ist eh alles Blödsinn, was wir da lernen sollen. Das kann man ja eh mit dem Handy machen!«

Dass dies mit vielen Beleidigungen und Aggressionen kundgetan wurde, versteht sich schon von selbst. Dazu kommt noch eine komplette Ignoranz, die diese Schüler auch dazu verleitet, Stoffgebiete in brauchbar und nicht brauchbar zu klassifizieren. Wie will man mit jemandem in einen Argumentationsaustausch gehen, wenn er bereits so weit entfernt ist, dass er im wahrsten Sinne des Wortes nicht mehr erreichbar ist.

Ständiger, regelmäßiger Schulbesuch, natürlich auch am Nachmittag, ist ebenfalls eine Kernvereinbarung. Obwohl sie eigentlich selbstverständlich sein müsste, greift auch diese Vereinbarung bei vielen Schülern nicht.

Es wird nach Belieben geschwänzt, tagelang, wochenlang, in Ausnahmefällen das ganze Jahr. Das passiert aber in jedem Schuljahr, es fehlen einige Schüler von den 10 Monaten bis auf ein paar Tage die gesamte Zeit.

Man glaubt es nicht, aber, wie schon dargestellt, man kann sich von der Schulpflicht in Österreich verabschieden und wir alle, die Eltern, Lehrer, das Jugendamt, die Sozialeinrichtungen, wir alle stehen ohnmächtig da.

Oder sind wir nur müde geworden, haben erfahren, dass nichts fruchtet und man eigentlich nur scheitert, wenn man derartige Normen einfordern will. Man kann es sich aussuchen. Es wird wohl von allem ein bisschen etwas sein. Das Ergebnis ist aber eklatant: Ich kann die Zahl an Schülern, die quasi die Schulpflicht nicht erfüllt haben, nicht mit zwei Händen abzählen, es sind also keine Einzelfälle, sondern bereits steigende Tendenzen erkennbar.

Man kann natürlich weiter von diesen Vereinbarungen berichten, von der **Spindordnung**, wo Schüler ihre Kleidung und ihre Schulutensilien wegsperren können. Man kann davon berichten, wie das nicht funktioniert, weil Schüler den Schlüssel vergessen haben, verloren haben und tagelang ohne Schulsachen beim Unterricht erscheinen.

Man kann von **Beschmutzungen** von Schultischen, Sesseln, Wänden berichten, von mutwilligem Vandalismus, von vielen bekritzelten Wänden in Schulgängen und Türen in tollster, ordinärster Fäkalsprache, wie:

»Fuck you! Hurensohn! Fick dich, Sack, Beitel, Fut, Schwein, Sau, motherfucker! Scheiß XY!« – eben oft auch die Vornamen dazu.

Ja, so sieht »die künstlerische Gestaltung« aus in einigen unserer Schulgänge und Klassenzimmer und WCs. Täglich passiert man diese Gänge mit diesen »nicht akzeptierbaren Auswüchsen perverser Gehirne«. Und wenn es manchen Schülern gelingt, kreativ gut drauf zu sein, wirklich etwas Schönes zu gestalten, dann kann man versichert sein, lange lebt diese auch auf den Gängen ausgestellte Collage, dieses Bild oder was auch immer, nicht.

Meist überlebt ein »Werk« keine Woche und es wird heruntergerissen, beschmiert, zerfetzt oder was sonst noch. Ach ja, einmal sogar mit dem Feuerzeug teilweise »abgefackelt«, wie mir erklärt wurde. Zerstörungswut, Vandalismus in Reinkultur, Gespür für Schönes, für Gelungenes ist schlicht und ergreifend nicht vorhanden. Pure Zerstörungswut, unfassbare Aggression ist der Hintergrund dieses Vorgehens.

Man kann weiter von bewusstem Verschmutzen der Toiletten berichten, von bewusstem »Daneben-Urinieren«, von Kot an den Wänden, von mit WC-Papierrollen verstopften WC-Anlagen, von mutwillig herbeigeführten Überschwemmungen. Es reichte die Phantasie nicht aus, das alles zu erfinden. So bedauerlich diese schweren Verfehlungen sind, wir finden sie sowohl im Buben- als auch im Mädchen-WC vor. Sie erinnern sich an den Schlüsseldienst bei den Toiletten?

Disziplin, eine Utopie in unseren Schulen? Ich fordere sie dringend ein, ich spreche dabei nicht von »deutschem oder militärischem Drill«, von zackigem »Habt acht«, ich spreche von normalen Sozialtugenden, Normalverhalten, von Kinderstube, von Takt, Taktgefühl, von »**Benimmregeln**«.

Ich wurde zum Beispiel mit anderen Kollegen in der Klasse an manchen Tagen mindestens fünf bis zehn Mal angerülpst. Einige entschuldigen sich jetzt schon, verstehen aber nicht, warum sie das tun sollten, eine Vermeidung kommt natürlich überhaupt nicht in Frage. Das gilt auch für das »Buhbsen«, mit großer Freude begleitete »Gasentladungen«. Ein für mich absolut ekeliges Verhalten. Je größer die Geruchsbelästigung ist, umso größer die Freude der Schüler dabei!

Kichern, lautes Schreien wie

> »Du Schwein, du Sau, Drecksau, du stinkst, Fenster auf, Oida, da feilts« »Jawohl, geil!«

enden dann doch immer wieder in Wohlgefallen und lautem Gelächter.

Es ist keinerlei Unbehagen, Scham, Erkennen einer Ungebührlichkeit zu erkennen. Fast erwehre ich mich des Eindrucks nicht, als ob dies als sportliche Herausforderung (natürlich völlig fehl am Platz) gesehen wird. Was dabei noch anzumerken ist, es gibt auch bei diesem Fehlverhalten keinen Unterschied zwischen Burschen und

Mädchen. Diese »furzen« ebenso laut und ungehindert ohne Scham in der Klasse.

Soviel zu diesen Vereinbarungen, die als das »non plus ultra« moderner pädagogischer Lösungen angepriesen wurden, in meinen Augen aber kläglich gescheitert sind. Wenn nicht ein Umdenken erfolgt, sehe ich für Verbesserungen keinen Horizont. Irgendwer, nein, nicht irgendwer, der Gesetzgeber, die Politiker, wir alle müssen durch Veränderung von Rahmenbedingungen Lehrer wieder ermächtigen, ihren Beruf in einer Normalität ausüben zu können.

Irgendwer muss sich aus der Verdeckung heraus wagen und auch Maßnahmen setzen, die vielleicht auch Stimmen kosten. Aber wer ist zu diesem vermeintlichen »Selbstmord« bei Verlust von Wählerstimmen bereit?

Es scheint so, dass derartige Themen von neuen Parteien leichter bewältigbar wären, denn diese Parteien haben noch keine Stimmen zu verlieren. Andererseits aber haben sie keine Chance auf Gesetzgebung und Veränderung, solange sie nicht im Parlament sind.

Wer will sich auch von Journalisten geißeln lassen, wenn er das Wort einer »angemessenen Sanktion« in den Mund nimmt. Ich erinnere mich nach derartigen Äußerungen von Lehrern an Schlagzeilen wie »Steinzeitpädagogik, Lehrer wollen zurück ins Mittelalter« und ähnliche Sager weit unter der Gürtellinie. Selbst verantwortliche Bildungspolitiker nahmen sich mit derartigen Äußerungen nicht zurück.

Wenden wir uns aber einem weiteren Problemfeld unserer Schulen zu und befassen wir uns im nächsten Kapitel einmal konkret mit dem Schulschwänzen, dem wienerischen »Stangeln«.

5
SCHULSCHWÄNZEN

Warum schwänzen Kinder die Schule, das ist eine Kernfrage, der wir uns stellen müssen. Der Grund für ein schuldistanziertes Verhalten ist sicherlich komplex und hat viele Hintergründe und Motive. Die Schule selbst gilt als Verursacher, aber auch das Elternhaus und außerschulische Kreise und Cliquen beeinflussen diese Verhaltensweisen.

Dementsprechend sind auch verschiedene Institutionen involviert. Ein erster Ansatz zur Verbesserung wäre demnach eine bessere, vertiefte gegenseitige Kommunikation zwischen diesen befassten Stellen. Auf dieser Basis könnte ein gemeinsames Handlungskonzept erstellt werden. Wehret den Anfängen! Schon beim ersten Fehlen muss die Schule tätig werden, so sehen dies zumindest die Experten, die sich damit befassen. Schulische Defizite verstärken sich weiter und finden rasch Nachahmer. Beides will man nicht!

Die Absenzen von Schülern in den Schulen Österreichs zeigen die Ohnmacht, die Gleichgültigkeit über Jahre hinweg. Als ich 2008 mit den Aufzeichnungen und der Dokumentierung begann, waren Versuche, **Schulschwänzer** in den »Griff zu bekommen«, in weiter Ferne. Man fand sich mehr oder weniger, je nach persönlicher Befindlichkeit, damit ab.

Wenn ich diese fünf Jahre insgesamt überdenke, dann fällt auf, dass viele von mir festgehaltene Mängel und abnorme Besonderheiten im Laufe der Jahre auch in den Mittelpunkt der Öffentlichkeit rückten und ich sozusagen eingeholt wurde. Es begann eine Art Dynamik. Anliegen, die ich mit Vehemenz einforderte, diskutierte, sind tatsächlich im dynamischen Zeitgeist eingetroffen. Nicht, weil ich das urgiert hatte, mir fehlte das Podium der umfassenden Kommunikation. Nein, weil die Gesellschaft, die Öffentlichkeit langsam dahinter kommt, dass Handlungsbedarf vorhanden ist und Probleme vehement anzugehen sind. Es entsteht so etwas wie öffentliche Meinung zur Bildungs- und Schulsituation.

Mit einem Wort, der »Zeitgeist« hat diese Gegebenheiten eingeholt. Offensichtlich ist dieser aus meiner Sicht untragbare Zustand mehreren Verantwortlichen aufgefallen und somit erklärt sich der

Wunsch nach Veränderung, Eindämmung bzw. der Forderung nach einem völligen Umdenken.

Spätestens mit Beginn 2013 hat man das Schulschwänzen in den Mittelpunkt politischer Bemühungen gestellt und in kürzester Zeit gesetzliche Veränderungen herbeigeführt, über die man ebenfalls diskutieren muss. Als Insider halte ich die vorgeschlagenen Maßnahmen lediglich für einen vagen Lösungsansatz. Erfolgsaussichten mit nachhaltiger Veränderung sehe ich mit Skepsis.

Welche Maßnahmen wurden dabei konkret ins Auge gefasst? Da ist einmal, den Kontakt mit einem Beauftragten für Schulschwänzer aufzunehmen, der dann für Abhilfe zu sorgen hat. Viel Arbeit für einen Mann bei bis zu 70.000 Schwänzern! Ja richtig gelesen, *ein* Mann ist damit beauftragt worden.

Weiters müssen Eltern nach einer Anzeige 460 € für ihr schulschwänzendes Kind zahlen. Die Behörden reagieren dabei äußerst schwerfällig. Der Kommunikationsfluss dauert und wir sind hier bei einem Kernproblem, das Experten in der Jugendkriminalität ansprechen. Es fehle sehr oft an der Kontingenz, also der raschen und angemessenen Bestrafung. Das »hic et nunc-Prinzip« ist ein wesentlicher Ansatz zur Verhinderung weiterer Überschreitungen.

Mit anderen Worten: Heute eine »Tat« zu begehen und sechs, acht Monate später dafür bestraft zu werden erbringt nicht die gewünschte rasche Verhaltensänderung. Noch ärger ist es dann, wenn Eltern sich bei Bestrafung als zahlungsunfähig deklarieren und letztlich dann der Steuerzahler durch das »Amt B« die Strafe zahlt, die das »Amt A« ausgestellt hat.

Das vorhandene Potential ist ein »guter Wille zu Veränderung«, aus meiner Sicht jedoch nicht die geeignete Lösungsvariante. Doch darüber mehr in späteren Überlegungen.

Ganz arg sind natürlich die **Dauerschwänzer** und es ist mir passiert, dass ich Schüler erst nach einem Halbjahr zum ersten Mal für ein paar Tage gesehen habe.

Sie kommen wegen der Anzeige der Schule vorübergehend in die Schule, wohl auch weil sich die Eltern wegen der »eingefrorenen Kinderbeihilfe« zu mehr Druck entscheiden und die Kinder »zwingen«, die Schule zu besuchen. Dieser Zustand dauert maximal 14 Tage, dann ist alles wieder beim Alten, die Beihilfe wird wieder freigegeben und nachgezahlt und das Motto dazu: »Nix ist geschehen, passt wieder alles!«

Eltern zucken mit den Achseln, fragen, was sie tun könnten, und betonen gleichzeitig, »eh alles Erdenkliche zu tun! Aba daschlagen kann i ihn/sie net!«

Statistische Parameter kann ich lediglich auf meine unmittelbare Umwelt beziehen, also auf die von mir unterrichteten Klassen, und da ergeben sich folgende »Trends«.

Zwei, drei Schüler pro Klasse verabschieden sich trotz Schulpflicht komplett vom österreichischen Schulsystem, das heißt, sie steigen einfach aus. Adieu, auf Nimmerwiedersehen!

Ich habe Schüler unterrichtet, ich meine, es waren meiner Klasse zugeordnete Schüler, die ich das gesamte Schuljahr nicht gesehen habe. Unglaublich, aber wahr.

Bei Schülern, die das freiwillig zehnte Jahr machen, ist wenigstens die Schulpflicht erfüllt, man könnte diese Schüler wegweisen, mehr ist nicht erwünscht.

Diese Schüler sind nämlich ebenfalls eine Belastung für alle, für Eltern, Lehrer und Schüler. »Eine Karteileiche« das gesamte Jahr mitziehen zu müssen ist eine Zumutung und ein ständig vor Augen geführtes negatives Beispiel für andere Jugendliche, die irgendwann auf die Idee kommen, das nachzuahmen.

Der Hintergrund ist natürlich klar, diese Eltern kassieren entsprechende Sozialleistungen für ihr Kind und es ist ihnen offensichtlich völlig egal, ob das Kind die Pflichten eines Schülers erfüllt. Hauptsache, das Geld, die entsprechende Beihilfe am Ersten, passt.

Naive Menschen meinen vielleicht, man könnte sich wirklich von solchen Freiwilligen im 10. Schuljahr verabschieden, wenn sie partout nicht wollen. Weit gefehlt.

Da müssen Eltern zustimmen, was sie natürlich aus oben angeführten Gründen nicht tun. Da muss ein derartiger Schüler schon massive kriminelle Aktivitäten setzen, was ja in Einzelfällen immer wieder passiert, dass man ihn dann doch gegen den Willen der Eltern entfernen kann.

Ist also der freiwillig im 10. Schuljahr befindliche Schüler schon sehr oft ein Problemfall, verstärkt sich das Problem bei Schülern im neunten Schuljahr, wenn sie sozusagen aussteigen. Sie haben die Schulpflicht zu erfüllen, die gesetzliche Schulpflicht.

Aber nicht nur in der neunten Schulstufe gibt es Probleme, über die zu berichten sein wird, sondern mittlerweile haben wir auch freiwillige Schüler in der 11. Schulstufe.

Wegen der Unvermittelbarkeit der bislang gescheiterten Jugendlichen versuchen jetzt immer mehr dieser Gruppe (Tendenz steigend), ihr Fortkommen mit einer Einschreibung im freiwillig 11. Schuljahr zu sichern. Die Sozialleistungen laufen weiter, sie sind von der Straße weg, so sehen das die nicht hinterfragenden Personen und Institutionen.

Aber zurück zum 9. Schuljahr: In Wien habe ich dazu lernen dürfen, dass eine **gesetzliche Schulpflicht** nicht immer die Garantie erbringt, dass dem auch so ist und ein Schüler seine neun Jahre ausdient, besser formuliert für eine Ausbildung nützt.

Diese Schüler und deren Eltern verabschieden sich ebenfalls vom System, erhalten keine Beurteilungen, weil nicht anwesend, was für mich gleichbedeutend mit »nicht brauchbar« für die Gesellschaft bezeichnet werden könnte.

> In einem krassen Fall hat sogar das Jugendamt seine Ohnmacht bekundet und gemeint: »Wir schließen diese Akte! Es hat keinen Sinn, Strafgelder sind uneinbringbar, die Eltern wollen, aber der Sohn verweigert!«

Zwar haben wir in Österreich auch die Möglichkeit, Schulschwänzer zu melden, dann werden entsprechende Beihilfen eingefroren. In solchen Fällen werden Eltern rasch rührig, gehen natürlich ebenfalls oft unqualifiziert auf Lehrer los und bewirken einen kurzfristigen Schulbesuch. Was passiert? Das eingefrorene Sozialpaket kommt zur Auszahlung, der Schüler bleibt wieder weg und das Spiel beginnt von vorne. Eine Aberkennung von Sozialleistungen für den Zeitraum der verweigerten Schulpflicht wäre wohl das Mindestmaß, das man andenken sollte.

Da ist es schon verständlich, dass Lehrer müde werden, sich ständig dieser umfassenden Prozedur eines Strafantrages zu unterziehen. Muss doch jede Fehlstunde, tagtäglich am Vormittag, am Nachmittag aufgelistet werden, sollen Begründungen und Einschätzungen gefunden werden, um diesem Antrag Nachhaltigkeit zu geben. Man begnügt sich deshalb also auf zwei Anträge im Jahr, pro Halbjahr einmal eben. Verstärkt wird diese »Müdigkeit« wohl auch dadurch, dass zum Beispiel ein Strafantrag auf längere Zeit »verschleppt« wurde, weil das »falsche Deckblatt« von einem Lehrer verwendet worden war. Das ist Formalismus pur und dient der Sache wirklich nicht!

Die Idee, den Schulbesuch mit den die Familien unterstützenden Sozialleistungen zu koppeln, hat offensichtlich etwas für sich und wird in einzelnen Ländern mehr oder weniger strikt praktiziert. Zuletzt hat sich Ungarn intensiver mit diesen Maßnahmen beschäftigt und angekündigt, hier eine Koppelung zu vollziehen.

Neben diesen Komplettaussteigern gibt es verschiedene Typen von Schwänzern: solche Schüler, die dem von ihnen so empfundenen Leistungsdruck ausweichen und prinzipiell eine Schularbeit oder einen Test nicht beim ersten Termin abwickeln. Andere wiederum »stangeln« wochenweise, wobei in den kalten Monaten ein kleiner Rückgang zu bemerken ist. In der Schule ist es doch warm und angenehmer als auf offener Straße.

Es gibt auch Schüler, die unberechenbar sind, sich keinem Muster zuordnen lassen außer der allgemeinen Bereitschaft zu flüchten, aus dem System immer wieder auszuscheiden und Normen zu brechen. Denn was »kostet« das Stangeln den Schüler? Nichts! Absolut nichts aus seiner Sicht.

Für die Lehrerseite ergeben sich Defizite, notwendige Stoffwiederholungen, notwendige Neuorganisationen im Wochen- und Monatsplan, erhöhtes Lerntempo, um Versäumtes aufzuholen, was wiederum Druck erzeugt. Der Kreislauf beginnt wieder neu! Dazu kommt natürlich die schlechte »Vorbildwirkung« für einzelne Schüler, die am Sprung zum ständigen Stangeln sind. Sie erkennen rasch, dass die Möglichkeiten der Schule begrenzt sind.

Neuester Stand der Dinge ist, dass zwar die Höchststrafe von 460 € fürs Schulschwänzen kein einziges Mal ausgesprochen wurde, aber immerhin an die 10 bis 15 Eltern inhaftiert werden sollen, weil sie die Schulpflicht nach wie vor nicht zur Kenntnis nehmen und auch die ausgesprochenen Geldstrafen negieren. Ein Ansatz, eine erste Lösungsvariante, die vielleicht ein Umdenken einleitet?

Die Frage ist natürlich auch, warum kommt es zu einem so häufigen Schulverweigern, Schwänzen, Stangeln. Da bietet sich ein ganzer Katalog von Gründen an:

Schüler sind bislang in diesem System gescheitert und flüchten wiederum aus Versagensängsten. Sie bringen negative Erfahrungen mit, und wenn es aus ihrer Sicht eng wird, Druck kommt, Leistung abverlangt wird, steigen sie aus, flüchten sie.

Andere Schüler flüchten aus der Realität, dem Leistungszwang mit nicht legalen »Hilfsmitteln«. Drogen sind vermeintliche Helfer und es gibt immer wieder vereinzelt Schüler, die sich in diesem Milieu bewegen und in wenigen, krassen Fällen genau das Design von Drogensüchtigen zeigen. Sie sind nicht mehr in der Lage, sich zu konzentrieren, sie halten einen Schulvormittag gar nicht mehr durch. Sie kommen in kriminelle Bahnen, um diese Sucht zu finanzieren, und all die Klischees einer Beschaffungskriminalität wie Diebstahl, Raub, Prostitution treffen dann zu.

Andere Schüler sind ein »gruppendynamisches Opfer«, Mitläufer. Sie machen mit, weil die anderen es tun, haben eigentlich nichts am Hut, protestieren auch gegen nichts, wollen gar nicht protestieren wie andere, die eben im Schulschwänzen ein Ventil sehen. Irgendwo wollen sie dazugehören, irgendwo dabei sein, nicht ausgegrenzt oder nicht beachtet sein, was ihnen als Schüler ohne Schulerfolg ja oft passiert. Statements dazu:

> »Mir ist so fad, urfad, die Schul is so langweilig, so öd, ka action da, i brauch ka Zeugnis, i hab a Lehrstelle, mei Vater hat a Geschäft, na und, dann hab i halt kann Job, dann zahlt halt der Staat für mi, das will wirklich kaner hören, was Sie da verzapfen, Oida, das braucht kaner. Das is negativ, Oida!«

Wiederum ins Gegenteil gehen folgende Begründungen:

> »Die Schule macht unheimlichen Stress! Ich halt den Stress nicht aus! Nix rauchen, sitzen, Blödsinn ins Hirn ziagn, wer braucht das? Oida, das is Stress, den i net brauch, den kaner braucht!«

Das sind ständige Worthülsen, die derartige Schüler stets parat haben, und sie erhoffen sich woanders eine Veränderung dieses Zustandes.

Fragt man diese Schüler genauer: »Wann habt ihr Stress?«, antworten sie prompt: »Vormittags in der Schule!«

Vergegenwärtigt man sich aber die einzelnen Belastungen im emotionalen, körperlichen und im kognitiven Bereich, dokumentieren Untersuchungen, dass die emotionale Belastung vormittags am geringsten ist. Kurz zusammengefasst, vormittags sind die Schüler eher entspannt, kurz vor dem Tiefschlaf oder schon mitten drin, und erst am Nachmittag, im Freizeitbereich steigen die emotionalen Werte.

»Mir is fad, die Schule is fad, mir is so langweilig«, dies ist ein Dauerbrenner, ein Dauerzustand und hat mit ihrer Gesamtbefindlichkeit zu tun.

Es ist für diese Schüler alles fad, ob sie am Computer sitzen, ob sie einen Film schauen, ob sie ein Spiel beschäftigt. Ihre Spannkraft ist sehr gering und schon bald kommt Unruhe, Überforderung zum Tragen. Fragt man sie, was sie denn tun möchten, kommt sehr oft: »Chillen!« »Nichts tun!«

Ich musste nach Wien kommen, um zu erleben, dass eine normale Videovorführung eines Filmes absolut keine angenommene, willkommene Abwechslung ist. Egal welchen Film man anbietet, ob von Schülern gewünscht oder vom Lehrer vorgeschlagen und präsentiert, es entwickelt sich ständig das gleiche Szenario.

Ein Teil der Schüler geht sofort in einen Tiefschlaf über (was sich übrigens auch mit internationalen Untersuchungen deckt), der größte Teil der Klasse spielt mit dem an und für sich gar nicht in der Klasse sein dürfenden Handy und die kleinste Gruppe zieht sich den Film rein.

Es versteht sich von selbst, dass aufgrund dieser Erfahrungen bei mir Filmerziehung nicht mehr angesagt war. Zu groß war mein Ärger, meine Wut, meine Enttäuschung über dieses herablassende und unqualifizierte Verhalten. Man spürt die sich verbreitende Langeweile sozusagen selbst am Körper, ein Unbehagen macht sich breit. Sinnloser kann man Zeit nicht totschlagen.

Also bleibt »Nichts tun«, »chillen«. Doch auch hier erfolgt der Zusammenbruch nach kurzer Zeit. Mit einem Wort, es ist offensichtlich auch eine Frage des Intellektes, der Allgemeinbildung, des Interessenhorizontes, sich beschäftigen zu können. Es fehlt eine Art Erziehung zu sinnvoller Freizeit, zum Freizeitbereich, spielen zu können, eine Spiel- und Beschäftigungskultur zu besitzen.

Eine andere Gruppe von Schülern ist schlicht und einfach auf dem Weg der Opposition, alle Normen, Vorschriften, Verordnungen sind für diese Schüler offensichtlich dazu da, ständig und überall gebrochen zu werden. Es gilt wohl als »cool« zu rauchen, anders zu sein und da ergeben sich die 80% der Schüler im Umfeld, die rauchen. Es sind Burschen wie Mädchen in dieser Gruppe, oft sogar mehr Mädchen.

Sie haben es eilig mit dem vermeintlichen Erwachsenwerden, sie haben es daher eilig mit dem **Rauchen**, dem **Alkoholkonsum**.

Praktisch vor der Schultür wird die Zigarette angezündet, vor den Augen der Lehrer. Oft wird dies mit provokantem »Zur-Schau-Stellen«, als eine Art Demonstration, vollzogen.

Es herrscht Respektlosigkeit, infantile Darstellungssucht: »Schaut her, was ich mich trau, ich bin schon erwachsen, ihr Lehrer habt nichts zu sagen.« Das sind vermutlich wohl mehr oder weniger die inneren Antriebe für diese Schüler. Eher die Seltenheit sind betrunkene Schüler, aber vereinzelt, wirklich in den seltensten Fällen kommen sie zum Nachmittagsunterricht in diesen bedenklichen Zuständen. In fünf Jahren wiesen zwei derartige Begegnungen das aus.

Ganz gefährlich wird die Situation, wenn Gewalt und Gewaltbereitschaft bei dieser Gruppe hinzukommen. Hass auf die Polizei, Hass auf die Gesellschaft allgemein ist ein internationales Phänomen geworden, wenn wir an die Krawalle in London, Paris, Stockholm denken.

Bei diesen Jugendlichen verbreitet sich der Eindruck, man rette zwar Banken, Währungen, für Interessen der Jugend, Arbeits- und Ausbildungsplätze werde jedoch nichts oder viel zu wenig getan. Diese Vorhaltungen hört man in »Politischer Bildung« immer wieder einmal.

Wenn sich diese Jugend aufmacht, fast kriegerisch außer der Norm zu agieren, bleiben die gesetzlichen Maßnahmen als Gegenmaßnahme. Man denke nur an die diversen Demonstrationen und Gegenaktivitäten.

Im schulischen Alltag, selbst bei »Kleindelikten«, findet man derartige Hilfestellungen kaum. Kurzum, wie steht es um die **Sanktionierbarkeit** bei Rauchern, Schwänzern, Verweigerern?

Wenig bis gar nichts findet sich da im Angebot! Weder über die Schiene der Vernunft, »Rauchen kann tödlich sein«, »Rauchen und Alkohol schaden deiner Gesundheit«, noch über Ge- und Verbote kommt man hier zu einer Verhaltensänderung.

Nochmals zur Klarstellung: Es geht nicht um Strafen, es geht einfach um die Möglichkeit, durch Maßnahmen eine gewünschte Verhaltensänderung herbeizuführen.

Fazit: Was bleibt, ist diskretes Wegschauen, ein Darüber-Hinwegsehen, sich nicht mehr damit belasten, Ohnmacht, eine »Kopf-in-den-Sand-Politik«.

Selbst Anzeigen wegen Rauchens in der Öffentlichkeit führten zu nichts, zumal die Polizei dann wohl für einen Dauereinsatz vor Wiens Schulen missbraucht würde bzw. vermutlich nicht die Kapazitäten dafür hätte.

Ja, auch der unlängst abgelöste Gesundheitsminister Stöger hatte offensichtlich die Problematik rauchender Kinder in das Zentrum von aufklärenden Maßnahmen gesetzt. Eine Kampagne sollte Verhaltensänderungen hervorrufen und Insider der Szene – Jugendliche selbst – haben diese Idee längst als eine Idee, die scheitern wird, klassifiziert.

Erwachsen sein, zumindest in diesen Bereichen, sich nichts sagen zu lassen ist das angestrebte Ziel dieser Jugend. Hinterfragt man das Rauchverhalten, dann kommt sehr oft die Aussage, dass die Eltern dies unterstützen, indem sie entweder täglich Zigarettenpackungen oder das notwendige Geld dafür zur Verfügung stellen, wie wir schon gehört haben. Haben wir hier Imitationslernen?

> »Meine Mutter raucht mit mir am Balkon, sie hat nichts dagegen, sie hat auch schon geraucht, als sie so alt war wie ich jetzt.«

Diese Unterstützung von Eltern erfolgt auch in anderen Bereichen, beim Schwänzen. Konfrontiert man nämlich die Eltern im Telefonat, dass der Sohn, die Tochter fehlt, kommt nach einer langen Überraschungssekunde ein »Gestammel«, eine Feststellung: »Ja, mein Sohn / meine Tochter ist krank, hat Schmerzen!« oder was auch immer.

Mit einem Wort, in sehr vielen Fällen wird dieses Stangeln dann im Nachhinein von den Eltern gedeckt, was sich bei diesen nicht sehr kritisch denkenden Jugendlichen fälschlicherweise als positiver Verstärker einprägt.

Natürlich sind die Eltern da manchmal überfordert, wollen vor den Lehrern nicht das Gesicht verlieren und helfen den eigenen Kindern. Es gibt aber auch Eltern, die verzweifeln, sich den Lehrern öffnen und bedauern, dass sie keinen Rat, keine »Macht« haben, ihr Kind in die Schule zu bringen.

> »Was soll ich tun, meine Tochter verweigert total! Ich weiß mir keinen Rat mehr. Ich weiß nicht mehr weiter, ich war eh schon beim Jugendamt.«

Solche Gespräche sind auch im Lehreralltag zu führen.

Letztlich ist mir noch eine Gruppe von Schwänzern aufgefallen, die mit den Gegebenheiten innerhalb der Klasse nicht zurechtkommen, die im sozialen Geflecht der Klasse keinen Halt gefunden haben. Es gibt tatsächlich Außenseiter, **gemobbte Schüler,** und was mich ganz besonders gewundert hatte, auch »politisch« motivierte Ausgrenzungen.

Es ist nicht selten gewesen, dass ich zwischen Kurden und Türken einen Raufhandel, ein Streitgespräch schlichten musste, dass sich Serben und Roma beschimpften, dass Tschetschenen Rundumschläge machten und dass es »normale« Feindseligkeiten zwischen Türken und Balkanbürgern gab, die zum Alltag gehörten.

Es gibt sie für mich überraschend, die rassistischen Verunglimpfungen zwischen diesen Schülern, sie befetzen sich, beleidigen sich, wobei mir besonders auffiel, dass muslimische Schüler manchmal ein sehr stark reduziertes und aus meiner Sicht ein zu korrigierendes Frauenbild aufzeigten.

Sie beschimpfen sich gegenseitig als Hurenkinder, Mädchen als Hure, Österreicherinnen ganz besonders, türkische Mädchen seien anständig, weil Jungfrau, »Österreicherinnen sind zum Ficken, zum Trainieren«, so die Aussage zweier türkischer Schüler ganz konkret in einem Streitgespräch unter Schülern. Natürlich provokant gemeint, aber dennoch, das ist offenbar eine erworbene Meinung, die keine Interpretation mehr benötigt.

Immer wieder beschimpfen sie dabei auch die Mütter ihrer Streitkontrahenten, was dann immer zu höchstaggressivem Verhalten des Gegners führt, wie ich schon ausführen konnte. Beschimpfungen, wie »deine Mutter ist eine Hure«, »deine Mutter ist von jedem zu ficken«, lassen dann die betroffenen Schüler total »auszucken«, wie wir schon wissen. Will und sucht man Streit, mit der Beschimpfung der Mutter gelingt das binnen Sekunden. Der Kontrahent ist sofort auf 100: »Haben Sie gehört, er hat meine Mutter geschimpft!«, ist dann die vermeintliche Entschuldigung für alle Folgeerscheinungen.

»Er hat meine Mutter beschimpft, meine Ehre verletzt!«

ist damit einer der gefährlichsten und häufigsten Auslöser. Hier kommt es quasi immer zum aggressiven, gefährlichen Raufhandel, wo dann Lehrer mit persönlichem Körpereinsatz dazwischengehen müssen. Was steckt wirklich hinter diesen Provokationen, ich komme nicht genau dahinter, aber es ist in ihren Augen wirklich »eine Frage der Ehre«.

Dabei gibt es diese Aussagen sehr häufig, offensichtlich geht das bei diesen Kindern »unter die Haut«, werden sie dadurch ganz besonders verletzt und sind dadurch auch sehr verletzbar.

Schulschwänzen ist nicht nur ein »Wiener Problem«, auch kein österreichisches. Statistiken aus Deutschland und anderen Ländern berichten von steigenden Zahlen. Ursachenforscher sehen überall ähnliche Auslöser, die von Schulangst, Flucht bis Totalverweigerung reichen.

Unterschiedlich ist auch der Umgang mit derartigen Phänomenen. In Deutschland hilft mittlerweile die Polizei mit und durchkämmt Kaffeehäuser, Spielsalons, Jugendzentren, Jugend-Sammelpunkte am früheren Vormittag und greift Schulschwänzer auf und bringt sie zur Schule.

In den hoch gepriesenen skandinavischen Ländern, denen die Pisa-Studie eine heile Schulwelt ausstellt, geht es über Disziplin und Einforderung von Disziplin.

Selbst der Schulbusfahrer stellt das Fehlen von Kindern fest und hinterfragt das, mit einem Wort, die gesamte Gesellschaft nimmt Anteil am Schulbesuch der Kinder. Ich habe mir sagen lassen, dass in Finnland kein Jugendlicher, der als Schüler diagnostiziert wird, eine Chance hätte, sich am Vormittag in einem Einkaufszentrum oder schon gar nicht in einem Café aufzuhalten. Er würde angesprochen werden, einfach auffallen, er würde darauf hingewiesen werden, dass er zu dieser Zeit am falschen Ort ist.

Wie auch immer, es handelt sich um kein Kavaliersdelikt, sondern um einen Ausstieg aus Normen, Pflichten und Rechten und zeichnet so den Weg von diesen Jugendlichen vor.

Natürlich befasste sich auch das zuständige Bundesministerium mit dem immer größer werdenden Phänomen der Schulschwänzer und gab 2005 dazu eine Studie in Auftrag.

Unter der Federführung von Universitätsprofessor Josef Scheipl der Universität Graz wurde eine kurze Zusammenfassung der Ergebnisse dieser Studie »Early School Leaving and Drop Out« präsentiert.

Die Studie berichtete für Insider nichts Neues, sie bestätigt lediglich die von mir bereits dargestellte Situation. Sie basiert auf Daten von 48 Schulen von der AHS bis zur PTS und von Schülern der 7. bis 10. Schulstufe.

»Angesichts unserer stark wissensorientierten Gesellschaft und der veränderten Bedingungen am Arbeitsmarkt hätten die Jugendlichen, die ihre Bildungslaufbahn frühzeitig beenden, mit tief greifenden Konsequenzen zu rechnen«.

Ein Abschluss sei unabdingbar, heißt es da weiter und es wird eindringlich gewarnt, dass Schulabsentismus, also Schulschwänzen, die Erreichung der Bildungsziele stark gefährde.

Liest man die Eckdaten dieser Studie, fällt auf, dass PTS- und BMS-Schüler mehr schwänzen als andere.

Ein Viertel aller Fehlzeiten bliebe unentschuldigt, Schüler mit Migrationshintergrund oder Repetenten fehlen öfters als andere. 12% der Schwänzer seien Dauerschwänzer, Schüler, deren Eltern ein niedrigeres Bildungsniveau haben, schwänzen länger und öfters.

Vier Einflussebenen für das Schwänzen lassen sich erkennen, einmal die Einflüsse der Gruppe, das Gruppenverhalten, weiters die Persönlichkeit des Schülers, darunter die Aggressivität oder das geringe Leistungsselbstkonzept, die Schulangst. Ein drittes Merkmal ist die Schule selbst, die soziale schulische Integration, die Reaktion der Schule auf das Schwänzen und zu allerletzt zählt natürlich das häusliche Umfeld, darunter das Bildungsniveau der Eltern, belastende Lebensereignisse.

Diese Einflussfaktoren seien sehr komplex, so die Studie, und man müsse deshalb auf alle drei Systeme wie Person, Schule und Familie konkret eingehen. Mit anderen Worten, ein Mix von Maßnahmen ist erforderlich, der all diese Komponenten in den drei Bereichen abdeckt bzw. sich damit gründlich auseinandersetzt.

Man kann sich vorstellen, dass es hier um Kommunikation, Vertrauen, Unterstützung, rasche Konsequenzen, Transparenz, Beratung, Kontrolle, Aufbau eines besseren Selbstwertgefühles, Verbesserung des Leistungskonzeptes, Zielformulierungen, schlichtweg auch um Disziplin und noch vieles mehr geht.

Obwohl in dieser Studie die Ursachen und Probleme sehr deutlich angesprochen werden, obwohl sehr breite Lösungsansätze aufgelistet und angeboten werden, ist die Zahl der Schulschwänzer weiter im Steigen. Bislang sind noch keine wesentlichen Verbesserungen eingetreten.

Das mag wohl an der Konsequenz von uns allen liegen. Solange Eltern im Schulschwänzen ein Kavaliersdelikt sehen, vehement Unmut äußern, wenn die Behörden Schulschwänzen bestrafen, Urlaubsverlängerungen mit einer Selbstverständlichkeit eingefordert werden und keinerlei Einsicht besteht, dass es hier um grundlegende Prinzipien geht, wird es wohl zu keinen positiven Lösungen kommen können. Solange die Eltern diese Vorgangsweisen unterstützen, stehen Lehrer und die Schule auf verlorenem Posten.

Sehr oft war es natürlich aufgrund dieser Absenzen nicht möglich, den Schüler zu beurteilen. Auch hier konnte ich das Verhalten von Eltern dazu nicht verstehen und musste »dazulernen«.

Überrascht wurde ich nämlich mehrmals auch dadurch, dass ich Eltern schriftlich mitteilte, dass ihr Kind wegen der vielen Fehlstunden nicht beurteilt werden könne, dass dieser Vermerk »**Nicht beurteilt**« sogar bevorzugt wurde gegenüber einer negativen Beurteilung mit einem »Nicht genügend«. Es scheint also bei manchen Eltern der aus meiner Sicht völlig falsche Ansatz bevorzugt zu sein, besser ein »Nicht beurteilt« als ein »Nicht genügend« zu haben!

Bemerkenswert in diesem Zusammenhang ist auch eine Handreichung, die in Deutschland zur Verfügung gestellt wird. Unter der Überschrift »Schulverweigerer – Schulschwänzer« mit dem Untertitel »Was ist zu tun?« finden sich auch keine Antworten, die wir nicht schon erörtert hätten.

> Man stellt sich auch da die Frage, warum Kinder die Schule schwänzen, und kommt zur schon bekannten Antwort: Schulschwänzen habe komplexe, unterschiedliche Ursachen und Gründe für ein schuldistanziertes Verhalten lägen in der Schule, im Elternhaus, in der Person selbst.
>
> Es gäbe verschiedene Anlässe und Erscheinungsformen der Schulverweigerung und es sei wichtig, Risikogruppen frühzeitig zu erkennen und am Anfang eine differenzierte Diagnose zu stellen.
>
> Weiter wird dann betont, dass ein aufeinander abgestimmtes, transparentes Vorgehen aller Behörden den gegenseitigen Informationsfluss gewährleiste. Interventionen und Kooperationen, Besprechungen, Konferenzen aller Befassten, Einschaltung der Ordnungsbehörde, Bestra-

fungen finanzieller Art seien dann im abgestuften Katalog anzuwenden und erbrächten durchaus positive Veränderungen in dieser Frage.

Meine persönlichen Erkenntnisse dazu haben ein ähnliches Prozedere erkennen lassen, allerdings führte dies zu keinen gravierenden Verhaltensänderungen. Das wohl deshalb, weil man sich nur einmal im Halbjahr wegen des großen Administrationsaufwandes zur Anzeige entscheidet und weil ausgesprochene Strafen entweder nicht einbringbar sind und eingefrorene Beihilfen sofort wieder ohne Einbehalt ausbezahlt werden.

Diese Schüler, die dem Unterricht fernbleiben, verzichten auf das Recht, unterrichtet zu werden, vorbereitet zu werden für jedwede Art eines Berufseinstieges.

Ständig fragen wir Lehrer uns, wie soll das weitergehen mit den Verweigerern, wir rätseln, was machen diese Jugendlichen wirklich nach dem Schulaustritt, nach Erfüllung der allgemeinen Schulpflicht.

Nun, ich habe es schon angesprochen, man weicht dem Problem aus, man besucht die nächste Schule, irgendeine findet sich fast immer, die vorübergehend derartige Schüler aufnimmt. Es sind nicht nur Einzelfälle, die da mit schlechten Noten und in niedrigen Leistungsgruppen plötzlich eine HTL-Ausbildung anstreben, ein Oberstufengymnasium besuchen wollen und daran von der Notenbotschaft, dem Zeugnis, nicht gehindert werden. Sehr häufig wird natürlich in »diesen Kreisen« die Handelsschule als Oase der Glückseligkeit gesehen. Schüler protzen dann voller Stolz:

»Ich gehe in die Handelsschule XY, manchmal werden Städte aus unmittelbarer Nähe zu Wien genannt, ich weiß nicht genau wo, aber ich lerne da Berufe dazu!«

Eltern sind begeistert, sie sehen die Realität der Unvermittelbarkeit und des Scheiterns noch nicht und sehen sich weiter im Genuss der staatlichen Sozialleistungen für Kinder und Jugendliche, solange sie eben Schüler sind.

Ich könnte natürlich auf diese Problematik näher eingehen, will das aber nicht tun. Die Beweggründe für derartige Aufnahmen von diesen Schülern liegen auf der Hand und man kann sich diese Frage wahrlich selbst beantworten, warum hier kein Anforderungsprofil berücksichtigt wird.

Immerhin haben wir in Österreich eine der höchsten Dropout-Raten bei den 16-jährigen Schülern weltweit. Eine Ursache ist wohl darin zu suchen, dass mit 15 Jahren die Schulpflicht endet und nunmehr Signale gesetzt werden, dass man mit den bislang erzielten Leistungen nicht zu einer Matura geführt werden könne. Es reicht schlichtweg für einen höheren Abschluss nicht.

Wenn es also nicht eine HTL, eine HAK oder ein BORG sind, sucht man eine Fachschule, ein- bis dreijährig, was auch immer. Hauptsache, man hat das Problem der Eingliederung in die Berufs- und Arbeitswelt verschoben. Schulbesuch bedeutet, wie gesagt, Kinderbeihilfe und damit ist der Familienfrieden zumindest für die nächste Zeit gerettet.

Geht gar nichts an Schulen, dann steht immer noch das AMS zur Verfügung. Da gibt es dann Kurse wie NQL (Nachqualifizierungs-Kurse), die dann einen Hauptschulabschluss anbieten.

Oder man geht in einen »BOKU«, einen Berufsorientierungskurs. Das kommt ganz, ganz locker von den Lippen, wenn man Schüler befragt, wie sie sich denn die unmittelbare Zukunft vorstellen. »Ich mach einen BOKU!«, »Ich gehe in einen NQL!«, tönen dann diese Schüler, die im Zeugnis von A bis Z ein »Nicht beurteilt« haben oder in mehreren Gegenständen negativ beurteilt werden mussten. Und jetzt gibt es überraschend völlig neu, wie schon erwähnt, von der Regierung eingeführte, verpflichtende Ausbildungsverträge bis zum 18. Lebensjahr.

Die Verschulung ist offensichtlich der erste Ausweg in der Problemlösung. Man hofft weiter auf die Schule, setzt auf Verzögerung, sich der Wahrheit und Wirklichkeit stellen zu müssen. Denn die würde aufzeigen, dass viele Schüler nicht vermittelbar sind, von Anbeginn zu Außenseitern der Gesellschaft geworden sind und manchmal resignierend, sehr oft aber unverfroren und bewusst dieses »Instrumentarium« von Sozialhilfen nutzen bzw. anstreben. Eine nicht kleine Gruppe mauert von Anbeginn bei diesen heiklen Fragen, ob ein Beruf in Aussicht steht:

> »Ich habe schon eine Lehrstelle, Mann, was fragen Sie, ich habe Arbeit, Mann!«

Einmal erhielt ich diese Antwort:

> »Das geht dich gar nichts an, fick deine Mutter, Mann!«

Je größer dabei die vermeintliche Bedrängnis durch diese Frage erfolgt, umso aggressiver fallen dann die Antworten aus. Die Erklärung weshalb ist relativ einfach. Sie wissen in diesem Moment, dass sie gescheitert sind, schauen der Wahrheit für einen Moment in die Augen und rasten dann dementsprechend aus.

Man kann diese gelernten, stereotyp wiederholten, beleidigenden und dummen Floskeln schon gar nicht mehr hören, weil man weiß, dass es sich um Selbstlügen handelt, die offensichtlich nicht einmal von den Schülern selbst akzeptiert werden. Eben diese Erkenntnis verleitet zu derartigen aggressiven Auswüchsen und Formulierungen, wie gerade dargestellt. Es versteht sich von selbst, dass eine Suspendierung Konsequenz solchen Benehmens ist.

Richtiger- und ehrlicherweise muss man hier aber auch die andere Seite sehen, wie gute Schüler, mit guter Notenlage, mit gutem Benehmen, klaren Zielvorstellungen absolut keine Chance bekommen, zu ihrem Wunschberuf zu kommen.

Oft ist die Enttäuschung am Tisch, im Mittelpunkt und auch diese Schüler gehen dann aggressiv gegen Schule und Lehrer vor.

> »Das war alles Blödsinn, was wir hier gemacht haben, das braucht keiner, Sie haben nicht gecheckt, was man braucht, was Sache ist, das war alles umsonst, das bringt nix!« »Sie haben uns verraten!«

So lauten dann Vorwürfe, deren Hintergrund eben maßlose Enttäuschung ist. Manche orten auch Fremdenhass als Ursache:

> »Die nehmen keinen Ausländer, das sind Rassisten, Nazi!«

Dieser Vorwurf kommt immer wieder rasch von den Lippen, wenn Migranten irgendein negatives Resultat oder Ergebnis haben oder ihren »Kopf nicht durchsetzen«. Immer wieder werfen sie jedermann Rassismus an den Kopf!

> »Das machen Sie nur, weil wir Ausländer sind, was haben Sie gegen uns? (Persönliche Anmerkung: Fragesteller sind Türken, Serben, Tschetschenen, Iraker.) Einem Scheiß-Österreicher würden Sie bessere Note geben. Sind Sie Nazi?«

Ich kann hier von Mädchen erzählen, von österreichischen Mädchen, serbischer, albanischer, kroatischer, türkischer Herkunft, die im Zeugnis drei Gut hatten, ansonsten mit »Sehr gut« beurteilt wurden und irrsinnig gerne Krankenschwester geworden wären. Keine Chance, ich habe fast mitgelitten bei den vielen Bewerbungen, die mitunter gar nicht beantwortet wurden, manchmal eine lapidare, verschleierte Absage enthielten.

Welche Beweggründe auch immer dahinter stecken mögen, zweimal, als ich mich persönlich einsetzte, weil es diese Mädchen verdient hätten und wahrscheinlich gute Krankenschwestern geworden wären, wurde mir in einem Telefonat gesagt: »Na ja, in unserer Ausbildung muss man auch vorkosten und man kann keine Bewerberinnen haben, die kein Schweinefleisch essen.«

Ich will das »Warum nicht?« nicht beantworten, weil es Mutmaßungen wären. Fazit ist aber, es gibt gut ausgebildete Mädchen und auch Burschen, die ihren »Traumberuf« erkennen, die Voraussetzungen dafür hätten, aber keine Ausbildungschance erhalten.

Nicht einmal in der Branche, die immer wieder Mitarbeiter sucht, in der Welt der Versicherungen, läuft da was.

Auch hier wollte ein österreichisch-serbisches Mädchen (also ein in Wien geborenes Mädchen mit österreichischer Staatsbürgerschaft und serbischen Eltern) mit bestem Notenbild eine Lehre als Versicherungskauffrau beginnen, nicht als Verlegenheit, sondern als ganz bewusst gewählten, erkannten Berufswunsch.

Keine Chance, auch mein persönlicher Einsatz – ich kam telefonisch bis ins Vorzimmer der Chefetage und wurde zuvorkommend betreut – half nichts. Letztendlich erhielt das Mädchen eine Absage von der entsprechenden Abteilung, einer Sachbearbeiterin, die wohl für Lehrstellen zuständig ist.

Auch ein Brief von mir, dass ich meine, dass dieses Mädchen absolut kommunikativ, gewissenhaft und aus meiner Sicht bestgeeignet für diese Lehre sei, half nichts.

Natürlich sind diese gut begabten, gut beurteilten, gewissenhaften Schüler in der Minderzahl, aber es gibt sie. Allerdings, wie mehrere Beispiele aufzeigen, sind sie manchmal ebenfalls chancenlos, einen entsprechenden Lehrplatz zu erhalten. Da gibt es eine weitere Begebenheit, wo ein Mädchen, sehr nett, ordentlich, aus gutem Hause geradezu fixiert war, Tierpflegerin zu werden.

Selbst seit fünf Jahren Pferdebesitzerin, die sich täglich um ihr Pferd kümmerte, und das mit einer Gewissenhaftigkeit, Ausdauer und Obsorge über kontinuierliche fünf Jahre, reichte nicht, eine entsprechende Stelle zu finden.

Zuerst auf Wien beschränkt, suchte das Mädchen schließlich österreichweit eine Stelle, vergebens.

Dass dann solche Schüler verzweifeln und sich in fortführenden Schulen weiter umschauen, ist legitim und nicht zu verwerfen. Diese Schüler stehen aber in krassem Widerspruch zu den vorhin geschilderten Bewerbern in weiterführende Schulen, die auf Aufschub der Problembewältigung setzen, die Kinderbeihilfe weiter kassieren und möglichst lange diesen Status behalten wollen. Doch auch hier schlägt irgendwann die Stunde der Wahrheit, wird aus den »NICHT BEURTEILTEN« eigentlich ein »NICHT BRAUCHBAR für die Berufswelt« immer deutlicher. Soziale Auffangnetze setzen in diesen Fällen also schon bei Jugendlichen ein und unterstützen sozusagen gesetzlich diese Fehlentwicklung, in die man sehenden Auges ging. Österreich, quo vadis?

Manche dieser ungebildeten bis gar nicht ausgebildeten Schüler fordern mit einer Selbstverständlichkeit, fast schon arrogant, die Nutzung dieser Sozialsysteme ein.

»Was kann ich dafür, Mann, was soll das, wozu haben wir das System, Mann (pers. Anmerkung: gemeint ist das Sozialsystem), das steht uns zu, Mann, denn Arbeit bekommen wir auch keine, ich hab Recht auf Leben, Mann, wie Sie, dazu brauch ich Geld.«

So wiederholen sich derartige Aussagen und Standpunkte immer wieder.

Es ist ein Zyklus des Fatalen, viele erkennen, dass hier etwas absolut schief läuft, dennoch geht man sehenden Auges ins Unheil. Selbst staatliche Stellen, die sich als Anlaufstelle für diese besonderen Zustände verpflichtet sehen, scheitern.

Dieses allgemeine Versagen macht derartigen **Druck auf alle**, auf staatliche Institutionen, auf soziale Einrichtungen, auf Schulen, auf Eltern, Schüler, Lehrer, dass es zu verstärkten »Hilflosigkeiten«, aber auch Auswüchsen und Gefahren kommt, wie ich im nächsten Kapitel aufzeigen möchte.

6
URSACHE UND WIRKUNG

Vielfach läuft unser Leben nach dem Prinzip »**Ursache und Wirkung**« ab. Nichts passiert ohne Grund, irgendwann wurde der Schalter umgestellt, irgendwann nahm das Übel oder das Glück seinen Anfang. Ganz selten passiert etwas verborgen, um dann überraschend, vulkanartig an die Oberfläche zu gelangen. Es kündigt sich an, schleichend, vielleicht langsam, vorerst womöglich nicht fass- und erkennbar. Doch ab einem gewissen Zeitpunkt, ab gewissen, regelmäßigen Verhaltensauffälligkeiten, ab gewissen Ergebnissen müssen dann Zuordnungen erfolgen und die Checkliste eines Krisenmanagements müsste zum Einsatz gelangen.

Was sind nun die Ursachen für derartige Verhältnisse, wie sie sich uns hier darstellen? Warum scheitern so viele Schüler, warum tauchen mehr und mehr ab? Warum sind Tausende nicht in die Berufswelt vermittelbar? Warum sind viele Jugendliche außer allen Normen, außer »Rand und Band«?

Offensichtlich gibt es keine generelle Einzelantwort, die es vereinfachen könnte, den Hebel wieder zurückzuschalten, zurückzukippen und alles läuft wieder im Lot.

Wo setzt eine Analyse wirklich an? Meist handelt es sich bei den mir beschriebenen Kindern bzw. Schülern um Migranten, zu 75-80% etwa, die restlichen 25-20% kommen aus Österreich.

Bei den Migranten passiert offensichtlich etwas in der »Einbürgerungsphase«. Aus welchen Gründen auch immer begeben sich diese Menschen in ihnen vertraute Seilschaften, sie verkehren vorerst mit Gleichgesinnten, mit Menschen im selben Schicksal, mit selber Kultur, mit selbem Glauben, mit selber Sprache. Vielleicht suchen sie auch ein Stück Heimat, eine Heimatverbundenheit, die sie beruhigt und das (manchmal zugegebene) Heimweh mildert.

In diesem Milieu sind sie halbwegs sicher, können Traumata, etwa des Balkan- oder Irakkrieges aufarbeiten oder auch nur den Versuch dazu starten.

Ich meine, sie beginnen in einem Ghetto und bleiben dann meist auch darin. Das heißt, selbst die zweite, dritte Generation, schon in Wien geboren, ist noch österreichfremd. Manchmal sind es die Barrieren des Glaubens, Islam und Abendland bieten ein oft nicht übersehbares Konfliktpotential. Manchmal sind es die sprachlichen Barrieren. Sehr oft erzählen diese Kinder, dass die Eltern nicht gut Deutsch sprechen, sie begleiten ihre Eltern zu den Sprechtagen, um zu übersetzen, was der Lehrer zu sagen hat.

Manchmal ist es auch die patriarchalische Orientierung im Islam, die Mütter und Kinder, Frauen in Zugzwänge bringt, die für uns fremd sind. Sehr oft klagten muslimische Frauen über Druck vom Ehemann, über Angst vor dem Ehemann, der offensichtlich alle Erziehungsfragen an die Frau delegiert und sie über Gedeih und Verderb in die Pflicht nimmt, wenn die Kinder versagen und nicht integriert werden konnten.

»Warum ist deine Tochter so schlecht?«, fragte ein Vater seine Gattin. Deutlicher kann man diese Delegierung der Obsorge für Kinder an Mütter nicht zum Ausdruck bringen. »Deine Tochter!«

Sie bleiben unter sich, verkehren miteinander, grenzen sich gegen Österreicher ab, sind diese doch fremd, sprechen eine andere Sprache und haben auch noch eine andere Religion!

Ein sehr nettes, stilles albanisches Mädchen verblüffte mich einmal im Unterricht, als es feststellte, es dürfe nur einen Albaner, natürlich einen muslimischen Albaner heiraten. Mich verwunderte das deshalb, weil das Mädchen selbst Österreicherin ist, hier geboren wurde und hier aufwuchs.

Offensichtlich beschäftigte das das Mädchen so sehr, dass es im Unterricht darüber zu sprechen begann. Von mir darüber befragt, was das jetzt mit dem Englischunterricht zu tun hätte, begann das Mädchen zu weinen und meinte, ich sollte ihm helfen, es sei in einen Österreicher verliebt. Deshalb hinterfragte ich diese Aussage nochmals und meinte: »Was ist so schlimm, wenn du dich hier in Wien in einen Österreicher verliebst? Du bist doch Österreicherin!« Die Antwort: »Ja, aber Muslimin, das Leben mit einem Österreicher wird es nicht geben, weil es nicht sein darf!«

Kommen diese Kinder dann in die Schule, startet das »Deutschlernprogramm«, das heißt, diese Kinder werden wieder separiert, um möglichst rasch die Sprachdefizite zu beseitigen.

Dabei sind diese Kinder auf sich allein gestellt, denn im Elternhaus spricht man kein Deutsch oder nur sehr wenig. Manchmal wird der Stellenwert der Sprache als erste Brücke in das neue Leben nicht erkannt oder »weniger« wichtig bewertet.

Sehr rasch werden diese Kinder also »abgenabelt«, auf sich allein gestellt und kommen in ein »Zwischenland«, ein Niemandsland, sind dem neuen Land Österreich noch nicht nahe genug und der alten Tradition des Heimatlandes aber doch entrückt.

Mag sein, dass sich hier Ansätze von Schulangst ergeben, die die gesamte Schullaufbahn präsent ist und stark beeinflusst.

Diese Kinder hätten es an und für sich leichter, starten sie doch von Geburt an in Österreich, als jene, die im Rahmen der Balkankriege oder anderer Konflikte nach Österreich kamen.

Diese Kinder waren teilweise schon im Schulalter und mussten nunmehr ihre Sprachdefizite beseitigen. Neben allen Veränderungen war dies der erste Schritt, der getan werden musste. Dabei wurden diese Kinder sehr häufig aus dem »Normalunterricht« entfernt, weil sie ihm nicht folgen konnten, und lernten außerhalb des Klassenverbandes die neue Sprache.

Dadurch kam es allerdings zu Defiziten, die sich dann auf das gesamte Schulleben auswirkten. Ich hatte in meinen Klassen im Englischunterricht Schüler, die wirklich nicht die geringste Ahnung von Englisch hatten.

»I am hungry.« »I am, you are…« waren unüberwindbare Hindernisse in der Kommunikation. Es fehlte an Grammatik, an Struktur, an Vokabular, einfach an allem.

Dem gegenüber gab es einmal einen Schüler aus dem Iran, der perfekt Englisch sprach und die Schule als ein Sprungbrett für ein späteres Studium ansah.

Befragte ich diese in Englisch nicht guten Schüler dann, wie viele Jahre sie denn schon Englisch gehabt hätten, kam ich aus dem Staunen und Wundern fast nicht mehr heraus. »Drei Jahre, vier Jahre, ja fünf Jahre«, gab es da zu hören. Bei näherer Befragung, warum denn dann derartige Mängel vorhanden seien, antworteten die Schüler: »Ja, wir haben kein Englisch gehabt, wir sind hinausgeschickt worden, um Deutsch zu lernen!«

Eine plausible Erklärung mit fürchterlichen Folgen. Das erste »Nicht genügend« ist dann später geradezu vorprogrammiert. Hier versag unser System. Was hinderte uns, in derartigen Fällen als erste Fremdsprache **DEUTSCH** einzusetzen und Englisch als teilgenommen zu vermerken?

Für einen bestimmten Zeitraum kann man diese Schüler ja als außerordentliche Schüler mitführen und sie eben nicht negativ beurteilen, sondern gar nicht. Es gibt auch schon Versuche, für Deutschdefizite außerhalb der Schule Kurse anzubieten oder dies wenigstens auf einen Tag pro Woche zu begrenzen.

Aber es fehlt oft an der Konsequenz, an Unterstützung durch die Eltern, zu einem Erfolg zu gelangen.

Zugegeben, einzelne, ehrgeizige Kinder schaffen den Spagat, lernen super unsere Sprache und sind absolut gute Schüler. Allerdings ist die Rechtschreibung ein Problem, das nicht so rasch bewältigt werden kann wie der mündliche Ausdruck in der neuen Sprache. Sprechen und Schreiben klaffen da oft weit auseinander.

Da muss aber alles passen, das Elternhaus hochmotiviert sein und mithelfen, der Freundeskreis der Kinder und die Selbstorganisation des Kindes. Manche haben diese Reife schon und auch das entsprechende Durchhaltevermögen.

Meine nicht überraschende »NO-NA-These« lautet deshalb: Die Erlernung der deutschen Sprache bzw. das Niveau der Beherrschung der deutschen Sprache ist der **Schlüssel zum Schulerfolg** von diesen Kindern. Können sie nicht in der Sprache kommunizieren, wobei es natürlich von großer Wichtigkeit und Bedeutung ist, ob in Wort und Schrift, ist der Start zur negativen Schullaufbahn gegeben.

Sie verstehen in Mathematik die Angaben nicht und können sie nicht in die Sprache der Mathematik umsetzen. Sie sind allgemein zu langsam, zu ausdrucksarm, suchen nach Vokabeln und schon bekommen sie die Punze des minderbegabten Schülers, des lernfaulen Schülers oder was auch immer. Die Antwort, spätestens dann in der Pubertät, ist die Flucht aus diesem System, wie ich schon dargestellt habe.

Während bei den Schülern mit Migrationshintergrund also das Schulverweigern sehr oft generell zutage tritt, schaut das bei Österreichern oft komplett anders aus. Darüber gleich mehr.

Zu erwähnen ist nämlich noch, dass die meisten Kinder in der Kooperationsklasse und in PTS-Klassen mit negativem Leistungsprofil immer wieder angeben, dass sie durch ständiges Schulverweigern, Schwänzen in diese Schieflage gekommen seien. Plötzlich hätten sie nur mehr negative Leistungen gehabt, waren überall unter Druck und sind wohl deshalb dem Unterricht ferngeblieben. Das ist wohl die plausible Erklärung.

Ich persönlich erkenne da sogar einen »methodischen Weg« zum Schulverweigerer. Sprachdefizite, Außenseiterposition, andere Kultur, andere Religion (manchmal auch das Kopftuch, ja sogar Schwimm- und Badeverbot in Einzelfällen) bringen diese Schüler in einen Zugzwang, dem sie nicht gewachsen sind. Der Rest ist schnell erklärt, irgendwann taucht man ab, flüchtet, will man sich doch nicht ständig von allen Seiten vor Augen führen lassen, welch Versager oder Außenseiter man ist.

90 Prozent der gescheiterten Schüler geben diese Entwicklungsgeschichte, diesen Prozessverlauf an, sehen natürlich den Verlauf nicht so strukturiert klar, wie ich es hier vorstelle. Sie sind aber einem derartigen Verlaufsmuster zuordenbar.

> »Ich hatte nur mehr Fünfer bekommen, ich habe gar nichts kapiert! Alle haben nur geschimpft mit mir, ich hab kein Taschengeld bekommen, wegen der blöden Noten! Ich durfte gar nicht mehr fort gehen, keine Freunde treffen! Ich hatte keinen Bock mehr auf die Schule! Da bin ich einfach nicht mehr hingegangen!«

So lauten die Antworten auf die Frage, warum sie eigentlich hier in der Kooperationsklasse oder mit so negativen Noten in einer PTS-Klasse seien.

Um welchen Druck es da mitunter ging, konnte ich selbst erleben.

> Ein Mädchen hatte fast schwarze Flecken (Blutergüsse) und Striemen an den Oberarmen, und wie mir dann auch die zuständige Turnlehrerin bestätigte, an den Oberschenkeln. Ich fragte das Mädchen, woher es das habe, weil ich Schläge und Misshandlungen hinter diesen großflächigen Blutergüssen vermutete. Sie trainiere Kickboxen, so lautete die Antwort des Mädchens, und der Trainer habe sie so zugerichtet, wohl zur Abhärtung.
>
> Natürlich glaubte ich das nicht, bat die Mutter herein und sagte ihr auf den Kopf zu, dass sie ihre Tochter schlage und züchtige und wir in der Schule das nicht hinnehmen werden. Die Mutter leugnete nicht, weinte, sprach von fünf Kindern, die sie sozusagen in Alleinverantwortung er-

ziehen müsse. So sei es zumindest von ihrem muslimischen Mann aufgetragen worden und die Tochter sei die
älteste, folge und gehorche nicht, sei pubertär, interessie-
re sich schon für Männer, ziehe sich aufreizend an und sie
habe keine Alternative als die Schläge. Sie habe Angst vor
ihrer Tochter, noch mehr Angst aber vor ihrem Mann, sie
nehme Tabletten, sie schlafe wenig und schlecht.
Man konnte mit freiem Auge sehen, dass es dieser Frau
schlecht ging. Für mich war es aber auch eine Erfahrung,
dass ein Mädchen trotz gröbster Misshandlungen und
großer Schmerzen – einen Druckschmerz durch Antippen
des Oberarmes hielt das Mädchen nicht aus – zumachte,
nichts preisgab und Lügen präsentierte, um das Gesicht zu
wahren.

Anders sieht dies bei österreichischen Kindern aus, die in Kooperationsklassen bzw. einer PTS sitzen. Selten sind es die Sprachbarrieren bzw. Sprachdefizite, die ein Scheitern verursachten. Das Ender-
gebnis für das Versagen ist übrigens gleich wie bei den Migrations-
schülern.

Das Stangeln war letztendlich der Auslöser für viele »Nicht beurteilt« oder negative Noten. Aber was passiert da zwischendurch?
Warum flüchten diese österreichischen Kinder aus der Schule und
werden zu Totalverweigerern?

Eine generelle Antwort habe ich mit absoluter Sicherheit nicht gefunden, wohl aber eine wahrscheinliche:

Auslöser war meist das unmittelbare familiäre Umfeld, meist eine
»broken-home-situation«. Alleinerziehende Mütter, gewalttätige
Väter, Alkohol in der Familie, sexueller Missbrauch des Jugendlichen, die Mutter als Prostituierte, der Vater im Knast, beide Eltern
arbeitslos, ein neuer Partner der Mutter, das waren so die Umstände, in denen diese österreichischen Kinder in diese Schiene starte-
ten.

> »Meine Mutter hat sich nie um mich gekümmert!« »Sie
> hat immer nur Männer nach Hause gebracht« »Wenn ein
> Freier kam, musste ich spazieren gehen« »Meine Mutter
> ist aus der großen Wohnung zu ihrem Freund in eine klei-
> ne Wohnung gezogen. Jetzt leben wir zu fünft in zwei klei-
> nen Zimmern und ich muss meiner Mutter immer beim Fi-
> cken zuhören!«

»Mei Mutter nimmt selber Drogen oder sie ist total rauschig jeden Tag!« Soweit einige von mir schriftlich festgehaltene Aussagen diverser österreichischer Kinder.

Milieubedingte Umstände als Hauptverursacher, aber es gibt noch weitere Ursachen.

Österreichische Kinder greifen mitunter zu Drogen, Tendenz steigend. Das finden wir bei den anderen Schülern nicht, sei es aus religiösen Gründen bedingt oder weil doch ein Elternhaus vorhanden ist und strenger kontrolliert.

Ein weiteres Phänomen bei heimischen Kindern ist, dass sie manchmal Wohngemeinschaften (WGs) zugewiesen werden. Sie werden aus der Obhut der Eltern, die oft keine Obhut ist, weggenommen und leben in einer WG mit mehreren Kindern und Sozialarbeitern zusammen.

Wer nun glaubt (wie ich), dass die WG eine optimale Lösung ist, der irrt gewaltig. Ich spreche den Kollegen in WGs keineswegs besten Willen, Bemühen und gute Absichten ab, aber ich habe miterlebt, dass es auch in WGs »schief ging«. Zumindest wurden Verhaltensänderungen im Sinne einer positiveren Erziehung von mir nicht erkannt.

Ich war wohl unwissend und in einer völlig falschen Erwartungshaltung bei WG-Kindern. Ich glaubte, die seien wohlbehütet, von Experten, Sozialarbeitern rund um die Uhr bestbetreut.

In einigen Fällen, mit denen ich zu tun hatte, war das keineswegs der Fall. Ich musste mit Verwunderung feststellen, dass auch die Sozialarbeiter, die die gesetzliche Verantwortung für diese Kinder übernehmen, lediglich »mit Wasser kochen können«. Auch sie stoßen an die Grenzen wie wir Lehrer.

Anders ist es nämlich nicht zu erklären, dass zum Beispiel ein 14-jähriges Mädchen, einer WG zugeteilt, drogensüchtig wird, einem um 5 Jahre älteren Freund total verfällt und hörig wird, bei dem nächtelang übernachtet und zusehends – für alle mit freiem Auge erkennbar und sichtbar – von Tag zu Tag mehr den Drogen verfällt.

Maßnahmen der WG gab es meines Wissens nach keine, weil offensichtlich auch hier der rechtliche Rahmen fehlt, zumal das Mädchen wieder in einer Rückführphase, der Übergabe zurück an die Mutter, war.

Diese Mutter, selbst Alkoholikerin und auch im Drogenkonsum erfahren, ist überfordert, es lässt sich erahnen und vorstellen, wie die Zukunft aussehen wird.

Allein, die Rückgabe der 14-jährigen Tochter unter die Obhut der Mutter war beschlossene Sache. Dass dieses Mädchen überaus männererfahren ist, von ihrem sogenannten Freund mit Gewalt bedroht wird (noch bedroht und nicht geschlagen), dass dieser arbeitslose, vom Balkan herstammende selbst gescheiterte und ohne Beruf dastehende »Freund« die Drogen finanziert und gleichzeitig das Mädchen auffordert, »anschaffen« zu gehen, Geld zu besorgen, blieb wohl bislang verborgen.

Dieses Mädchen fiel mir sofort auf, als es mit dem Drogenkonsum begann. Blässe, Unkonzentriertheit, fahriges Wesen, ja alle klassischen Symptome waren erkennbar. Ich stellte dann die direkte Frage, ob es Drogen nehme oder probiere, und erhielt überraschend eine positive, offene Antwort.

Als ich dann meinte: »Bist du irr, willst du dein Leben komplett ruinieren, das darf nicht wahr sein, ich werde mich darum kümmern, du musst zum Schularzt!«, begann das Mädchen heftig zu weinen und zu schluchzen. Ich erschrak ob der Heftigkeit und fragte, was denn los sei. Das Mädchen antwortete, kaum verständlich: »Ich weine, weil Sie so nett sind und der Erste, der sich um mich kümmern will!«

Mir blieb fast die Sprache weg, einen derartigen emotionalen Ausbruch eines Kindes – und das ist dieses Mädchen trotz unzähliger Männerbekanntschaften, trotz ihres Outfits, Piercings an den unmöglichsten Stellen, über die es öffentlich diskutierte, trotz entsprechenden Outings zu privatesten Belangen, trotz Drogensucht – hatte ich nicht erwartet.

Jetzt verstand ich, dass dieses Mädchen Nestwärme suchte, warum sie in den viel zu großen Pullis ihres Freundes in die Schule kam und stolz darauf verwies, dass dieser Pullover von ihrem Freund sei.

Das dann eingeleitete »Drogenbekämpfungsprogramm« unter Mithilfe der Direktion, des Schularztes, einer Drogenberatungsstelle fruchtete bislang (solange ich das Mädchen in der Schule hatte) nicht so toll, wie man es erhoffte und wünschte.

Im Gegenteil, das Mädchen driftete in die nächste, gefährlichere Drogen-Kategorie ab. Für mich eine leider klare, erkennbare Ursache, doch WG, Mutter, Beratungsstelle und wir in der Schule agieren ohnmächtig.

Solange dieser »Freund« als engste Bezugsperson sich die Abhängigkeit der 14-jährigen mit Drogenfinanzierung und Drogenkonsum sichert und gelegentlich selbst einmal dazu greift, um innerste Verbundenheit zu zeigen, ist das Mädchen nicht fähig, aus der Szene herauszukommen.

Ein völliger Milieuwechsel, ein Näherungsverbot dieses »Freundes«, eine vorübergehende oder ständige Ausweisung des vermeintlichen Partners – was auch immer, wäre wohl die einzige Chance, dieses Mädchen clean zu bekommen und nicht in absehbarer Zeit eine Parte von ihm zu lesen.

Dabei ist dieses Mädchen kein Einzelfall. Dennoch muss man relativieren, es sind wenige Fälle direkter Drogensucht, die sich mir zeigten. Aber seit ich an dieser Schule arbeite, gibt es die Droge als seltenen Begleiter, werden Schüler amtlich erfasst, mit ihren Eltern von der Polizei vorgeladen, belehrt, beraten und begleitet.

In manchen Fällen haben diese Maßnahmen und Instrumentarien geholfen, in einigen leider nicht. Diese Schüler fielen dann in die logische, vorhersehbare, vorbestimmte Laufbahn, die man einschlägt, wenn man Drogenkonsum finanzieren muss.

Es erfolgt ein Abgleiten in die Kriminalität, »Beschaffungskriminalität« wird das genannt. Es erfolgen Einbrüche, Diebstähle, Raubüberfälle, vorerst bei Mitschülern, dann bei älteren Leuten. Es erfolgt Bandenbildung, letztlich auch vereinzelt Zuhälterei und bei Mädchen Prostitution.

Es ist die logische Konsequenz der Flucht dieser Schüler. Sie tauchen ab in eine andere Welt und vergessen für Stunden den sorgenvollen Alltag.

Ich fragte dieses 14-jährige Mädchen einmal: »Warum nimmst du diese Drogen, schadest deiner Gesundheit?«

Die Antwort war für mich verblüffend: »Sie machen mich glücklich, alles ist so schön, die Musik, der Sex, die Stimmung. Nur das

›Herunterkommen‹ nach etwa vier Stunden ist nicht schön, da habe ich Kopfweh und werde aggressiv und streite mit meinen Freunden! Man wird auch unheimlich durstig, wissen Sie das? Haben Sie schon mal probiert?«

Diese Antwort ist übrigens ein Hinweis, dass der Drogenkonsum im Verbund erfolgt, wohl eine Art soziale Nähe oder Wärme schaffen soll, was diese Jugendlichen sonst offensichtlich vermissen. Sie suchen diese Nähe, sie umarmen sich bei der Begrüßung, sie küssen sich, sie tauschen einstudierte Begrüßungszeremonien und Rituale aus, ja sie gehen eigentlich behutsam miteinander um, ehe sie dann in anderen Extremfällen ausrasten und sich auf das Widerlichste beschimpfen.

Die Wiener »Mundel-Versionen von Schimpfwörtern« reichen hier keineswegs aus, der Phantasie sind wirklich keine Grenzen gesetzt. Manchmal gibt es natürlich auch »lustige«, fast liebenswerte witzige Zurechtweisungen, wie etwa folgende, wenn sie miteinander kommunizieren:

»Hallo, hab ich auf die Null (gemeint ist beim Handy) gedrückt, dass du dich meldest?«

Wiederholt und schon mehrfach betont: Diese Jugendlichen machen sich auf den Weg, sie steigen aus, mit allen Konsequenzen, unter Missachtung von Gesetzen, Regeln, Normen, gutem Benehmen. Es ist einfach eine andere Welt, oft eine komplett naive und für uns oft nicht verständliche Welt, in die sie sich dabei begeben.

Einmal überraschte mich ein perspektivenloses Mädchen, sie war nicht in die Reihe zu kriegen. Ich fragte deshalb so schon resignierend irgendwann Mitte 2011:

»Was wird wohl aus dir werden, wann kratzt du endlich die Kurve, um einzusehen, dass es so nicht geht?«
»Hearst, Oida, wo leben Sie, lesen Sie keine Zeitung, die Welt geht 2012 unter, Oida, was brauch i ma da Sorgn machen, chillen, leben is angsagt!« »2012, dann is olles vorbei, Sie san eh so gscheit, Oida, und Sie checken dös net?«
»Lesen Sie ka Zeitung?«

Es gelang mir mit keinem Argument, diesen Weltuntergang 2012 auch nur in irgendeiner Weise anzweifelbar zu machen. Hätte diese Jugend nur in anderen Dingen und Belangen diese Beharrlichkeit und Ausdauer und dieses Festhaltevermögen!

Offensichtlich funktionieren unsere Richtlinien, Vorgaben, Gebote, Verbote, Verordnungen, Gesetze nicht für alle Menschen in unserer Gesellschaft.

O.K., soll es so sein, aber dann ist die Frage berechtigt, was machen wir dagegen, was können wir dagegen tun? Ist kollektives Wegschauen, Negieren von Missständen, ist kollektive Ohnmacht wirklich das Ergebnis?

Nicht zu verwerfen ist auch eine andere Expertenmeinung, die davon ausgeht, dass ein Kind in Österreich in der Schule dann erfolgreich ist, wenn es in eine Familie hineingeboren wurde, wo Bildung bereits vorhanden ist.

Bildung werde weitergegeben, nicht vererbt, nicht durch Gene bestimmt, sondern schlicht und einfach dadurch, dass in Familien mit Bildung die Chance auf eine adäquate Ausbildung gegeben sei. Das wiederum impliziert, dass all jene auf der Strecke bleiben, die in sogenannten bildungsfernen Schichten aufwachsen und leben.

Letztendlich kommt man aber auch da zum Schluss, dass Migrationshintergrund eine wesentliche Rolle im Bildungsprozess spielt.

Es bleibt also die Frage nach Veränderung offen. Ist tatsächlich keine Lösung in Sicht, auch wenn wir so klare Tatsachen präsentiert bekommen? Schauen wir auch da nicht genau hin oder negieren wir wirklich Wesentliches?

7
SEXUALITÄT UND TABUS

Wir sehen nämlich tatsächlich über vieles hinweg, über Dinge, die man diskutieren sollte. Ohne als prüde abgestempelt zu werden, als konservativ oder »altmodisch«, es gibt Verhaltensweisen im Unterricht, in der Schule, vor der Schule, auf Facebook, die ich bis dahin nicht gekannt habe.

Es fehlen sozusagen **TABUS**, Intimzonen, Intimbereiche. Faktisch in aller Öffentlichkeit wird das Sexualleben diskutiert, ausgebreitet, offengelegt und mitunter kommt es sogar zu intimen Tätigkeiten, Berührungen, nicht nur in den Pausen, sondern sogar im Unterricht erfolgen Versuche.

Bemerkenswert ist dabei, dass diese Schüler keinerlei Scheu haben, natürlich auch kein Schamgefühl. Offensichtlich sind sie in diese Richtung nie belehrt worden, erzogen worden oder hat man ihnen entsprechende Verhaltensregeln, Tabuzonen nie mitgegeben.

Natürlich ist auch der »ewige Machtkampf« Schüler – Lehrer dahinter zu vermuten. Man will provozieren, auffallen, herausfordern, Grenzen finden. Wann endlich reagiert der Lehrer, was kann man ihm »zutrauen«, welche Stärken weisen ihn aus. Es ist ein kleiner Exhibitionismus von Schülern, die auf diese Art punkten wollen.

Sie küssen sich leidenschaftlich in aller Öffentlichkeit, in der Schule, in den Pausen, leben ihre Verliebtheit oder was auch immer offen aus. »Knutschflecken« an allen möglichen Stellen werden offen zur Schau gestellt, sind offenbar eine Trophäe, die Ansehen, »in sein« vermitteln.

Diese aus meiner Sicht gesellschaftlichen Tabus werden zuerst verbal gebrochen.

> »Bist du noch Jungfrau, hast du schon gefickt, hat es weh getan beim ersten Mal, bist du schon einmal gekommen, hast du schon geblasen, ich mag nicht blasen, machst du dir es selber, wie oft wichst du am Tag, ich spritze einen Meter weit, hast du schon Arsch gefickt, hast du langen Schwanz, wie lang ist deiner?«

Das sind einige weitere Aufzeichnungen aus meinem Protokoll der fünf Jahre.

Wohlgemerkt, derartige Unterhaltungen werden lautstark in der Klasse, ob vor oder während des Unterrichtes, geführt. Anwesende Lehrer stören keineswegs. Lehrer haben auch keine Chance, sich den Dialogen zu entziehen, denn es ist eine ständige Aufsicht im Zweilehrersystem notwendig, weil es immer wieder zu Streit, Raufhandel und Vandalismus kommt. Lehrer sind also rundum präsent und werden mit dieser Art Unterhaltung konfrontiert, ob sie wollen oder nicht!

Mädchen erzählen stolz vom Erstbesuch beim Frauenarzt, von der Pille. Burschen wiederum präsentieren Kondome, manchmal machen sie damit all jene Blödsinne, die eher in den Kindergartenbereich fallen. »Luftballons, Wasserbomben mit Kondomen« sind dabei im Mittelpunkt.

Neben diesen lautstarken Outings zur Sexualität kommen dann Auftritte auf Facebook. Da passiert es schon, dass Mädchen sich »nackt verschicken« und dies dann die Runde macht, bis es dann auch zu den Lehrern gelangt.

»Haben Sie die Bilder von XY gesehen? Was sagen Sie dazu? Geil, aber auch blöd, ich würd so was net machen!«

Die meisten Lehrer haben sinnvoller Weise meist, so auch ich, keine Einträge auf Facebook, bekommen aber dennoch sehr viel mit, was in diesem Bereich abläuft.

»Wo leben Sie, sind Sie altmodisch, kein Facebook, Sie leben hinter dem Mond, das muss man haben, haben Sie keine Freunde?«

Arg wird es auf Facebook dann, wenn sich Mädchen in die Haare kriegen, streiten. Wenn Eifersucht dabei ist, artet dies zum Krieg aus. Da fallen dann letzte Barrieren, man beschimpft sich gegenseitig als Hure, zählt auf, wer mit wem es »schon getrieben hat«, bezieht die Mütter ein, droht mit Anzeigen, breitet Intimstes aus, wie Leistungen und Stehvermögen im Bett, Penisgröße, Frequenz, persönliche Vorlieben. Mit einem Wort: Cybermobbing startet und dies ist offensichtlich erst der Beginn.

Da werden Vorwürfe öffentlich auf Facebook erhoben, wie:

»Diese Hure hat jeden im Gemeindebau schon drüber lassen, jetzt ficken sie nur mehr die Inder, weil alle anderen haben's eh schon g'habt.«

In einem Fall wurde wegen eines derartigen heftigen Facebook-Krieges ein Mädchen von der Schule entfernt. Es half nichts. Die

Beschimpfungen, Beleidigungen gingen monatelang weiter. Diese »Protokolle« im Netz strotzen nur so von Rechtschreibfehlern, sind in der Sprachrichtigkeit »unter jedem Hund«, im Vokabular derart ordinär, dass man es nicht glauben kann. Sie böten Stoff für viele Prozesse wegen Drohungen, Ehrenbeleidigungen, Nötigungen und übler Nachrede hin bis zur Kreditschädigung.

Die dritte Stufe sind dann Aufforderungen zu sexuellen Handlungen in aller Öffentlichkeit.

»XY, blas mir einen, i hab ghört, du blast so gut.« »XY, ich will dich ficken, wann hast Zeit?« »Gestern hast wieder den Inder gefickt, Hure, warum lasst mich nicht?«

In dieser Tonart könnte man eine Seite aus meinen Aufzeichnungen wiedergeben. Zu betonen ist nochmals, dass dies in aller Öffentlichkeit stattfindet.

Ob dieser Freizügigkeit ist die Stimmung in Klassen natürlich aufgeheizt. Manche Burschen, die sozusagen am Beginn ihrer Pubertät stehen, die noch keine sexuellen Erfahrungen aufweisen, beginnen dann aus falsch verstandener Einschätzung Mädchen zu belästigen. Sie machen dies vorerst verbal, aber es kommt auch zu Körperkontakten, Brustberührungen und letztendlich zu Aufforderungen, mehr zu zeigen.

Manche Mädchen spielen dabei, weil schon reifer und erfahren, mit den Burschen und vertrösten sie. Manchen Mädchen geht das schlichtweg zu weit und sie suchen dann Hilfe bei den Lehrern.

»Stellen Sie das ab, der Idiot belästigt mich dauernd, i geh mit einem Scheiß-XY nicht ins Bett!« »Der is so schiach, sagen Sie ihm, er soll sich schleichen, sonst zeig ich ihn an! Ich habe einen Freund, der da soll mich in Ruhe lassen!«

Nicht selten mussten wir dann wegen heftiger Streitereien intervenieren, obwohl wir Lehrer von Anbeginn versuchten, diese Art der Unterhaltungen abzustellen, zu verbieten.

Neben diesen Aufforderungen kommt es dann tatsächlich auch zu sexuellen Handlungen. Sie sitzen dann als Pärchen in einer Bank im Unterricht, beginnen sich zu streicheln, an den Armen, am Hals, im Nacken. Ein Mädchen exerzierte dies bis zum Exzess mit immer ständig wechselnden Partnern. Jeder durfte sozusagen in den Dunstkreis des Mädchens. Manchmal ging es sogar so weit, dass das Mädchen die Beine über die Oberschenkel des Burschen

legte und dabei auch immer näher zum Genitalbereich ge-
langte. Es kam ein-, zweimal vor, dass Burschen sich we-
gen einer Erektion nicht erheben konnten. Meine Interventionen und Verbote gehen ins Hundertfa-
che, immer wieder kam es zu Auseinandersetzungen. War
es in der Stunde selbstverständlich nicht erlaubt, suchte
man die Gelegenheit, in der Pause zusammenzusitzen und
sich zu berühren. Magnetisch zog dieses Mädchen die
Burschen an und spielte seine Rolle als Klassenprinzessin
bis zum letzten Schultag.
Bei Zurechtweisungen und Aufforderungen, das zu unter-
lassen und das durch Auseinandersetzen zu beenden, erntete ich etwa folgende Antworten:
»Was haben Sie, sind Sie altmodisch, gehemmt! Sex ist
ganz natürlich, das wissen Sie nicht? Oida, chill down, das
is ganz normal, das brauch i! Sind Sie neidisch?«
Fast alle kamen »in ihre Gunst«, bis auf einzelne Wenige.
Diese waren fast aggressiv, schimpften vor Eifersucht und
waren mitunter außer der Norm, wenn es um dieses Mädchen ging.

Öffentlich gemachte Sexualität, ob in Worten oder Taten, erbringt
Ansehen und Aufmerksamkeit. Diese Jugend, die im fachlichen Bereich meist wenig bis gar nichts aufzuweisen hatte, eroberte plötzlich eine Bühne, wo sie in den Mittelpunkt treten konnte. Leis-
tungsbedingte Mauerblümchen, Einzelgänger standen plötzlich in
der Mitte des Interesses, wenn sie in diesem Bereich Erfolge aufzuweisen hatten. Auf derartige Effekte setzt wohl auch der österreichische Privatsender ATV, dort wird frühe Sexualität sogar in Seri-
en vorgestellt.

Fast in jedem Jahrgang gab es fixe, feste Beziehungen, ausgelebt
mit Unterstützung der Eltern.

Ich erinnere mich an ein Mädchen, das tagtäglich von einem wesentlich älteren Burschen, so Mitte 20, abgeholt
wurde. Dieses Mädchen lebte mit seinen 14, 15 Jahren
eheähnlich.
Ein anderes Mädchen fuhr jeden Freitag bis Sonntag aufs
Land zum Freund, wie es immer stolz erzählte.

Andere wiederum wurden schwanger, bekamen Kinder und hatten 16 Jahre alte Burschen zu Vätern gemacht. Einmal war der »Herr Vater« sogar erst 15 Jahre alt. In ihrem Bestreben, erwachsen zu werden, beginnen sehr viele dieser Schüler mit frühen sexuellen Erfahrungen. Sie wähnen sich erwachsen und es versteht sich von selbst, dass dann die Schule, der Leistungsbereich noch weiter ins Hintertreffen gelangen. Nunmehr hat man einen Bereich gefunden, wo man »erwachsen ist«, sich zumindest Erwachsenen gleichgestellt wähnt, erfolgreich ist und das geht sozusagen von selbst, ohne mühsames Lernen.

Vor der Schultür warten dann 20- bis 25-Jährige mit ihren Autos vom Altwagen bis zum BMW und holen die 14-, 15-Jährigen ab und gaukeln ihnen eine andere Welt vor, die mit Schule überhaupt nichts am Hut hat. Man ist wer in den Augen der Mitschüler, man wird beneidet, gefragt, beachtet.

Für dieses Erlebnis setzen sie sich ein, zeigen plötzlich Kontinuität und Konsequenz, die man bislang im Schulalltag völlig vermisste.

Manchmal suchen sie tatsächlich Geborgenheit und Halt, weil dies in der Familie fehlt. Diese jungen Menschen leben dann praktisch mit 14, 15 Jahren in enger Partnerschaft und haben andere Horizonte als einen guten Schulabschluss.

Einige dieser Schüler schaffen es dann – durchaus nicht überraschend – außerhalb des Gesetzes zu sein. Einzelne von mir unterrichtete Schüler sitzen ein, sind im negativen Sinn »berühmt geworden«, wurden zum Gangführer, zum meistgesuchten Jugendlichen, haben ein Vorstrafenregister, das mit einer Seite nicht mehr auskommt.

Diese Schüler sind, sofern sie nicht im Gefängnis sitzen, fernab von allem. Nach langem, wiederholtem Anzeigen beim Jugendamt, Strafen und vielem Telefonieren des Klassenvorstandes mit den zuständigen Behörden kommen dann diese Schüler und sie treten im wahrsten Sinne des Wortes auf. Sie erscheinen sozusagen in der Klasse und präsentieren sich. Ich kann dazu mehrere Beispiele erzählen.

Ein Mädchen kam so im Halbjahr erstmals in die Schule, frühreif, männer- und abtreibungserfahren (diese Tatsachen wurden mit voller Lautstärke während des Unterrichtes und in den Pausen detailliert geschildert).

Mit diesen Erlebnissen zog das Mädchen das Interesse der anderen Mädchen für die wenigen Tage seiner Anwesenheit natürlich sofort auf sich, trat in den Mittelpunkt und erhielt eine Bühne, die sonst wohl nicht gegeben ist.

Es konnte und hatte vom »Leben« zu berichten, von Kondomen, Orgasmen, Erlebnissen, die vielen Schülern doch noch fremd sind. Aufgrund dieser Schilderungen erfolgte ein umfassender Informationsaustausch in aller Öffentlichkeit über eigene sexuelle Erfahrungen bzw. Wünsche.

»Bist du noch Jungfrau, hast du schon mal Sex gehabt?« und in dieser Gangart, noch etwas tiefer und deutlicher und obszöner geht es in der Stunde, in der Pause dann zur Sache.

Die Anwesenheit von Lehrern »stört«, wie schon berichtet, dabei nicht. Diese Schüler kennen keinen Intimbereich, keine Intimzone, keine Respektsdistanz, kein Schamgefühl.

Es überrascht wirklich, dass keine Intimzone oder natürliche Scham Einhalt gebietet. Man hört doch immer wieder von angeborenem Schamgefühl, angeborener Scham.

Offensichtlich sind derartige Gespräche in voller Lautstärke normal und niemand stört dabei. Lehrer werden sehr oft in vielen Situationen und Bereichen negiert, nicht zur Kenntnis genommen, warum also hier nicht auch? Natürlich ist das auch als Provokation gedacht, was soll der Lehrer schon dagegen machen? Ermahnungen, Aufforderungen, sich in den Unterricht einzubringen, eine bessere Ausdrucksweise zu wählen, fruchten nicht. Die Aufmerksamkeit der Klasse ist eindeutig auf derartige Schüler gebündelt und der Lehrer im wahrsten Sinne des Wortes überflüssig. Gebietet man Einhalt und will derartige Diskussionen abstellen, heißt es dann:

»Sie sind verklemmt, über Sex, das Ficken zu reden ist die normalste Sache der Welt, das gehört zum Leben dazu! Kenn Sie die Sendung im ATV, »Junge Mütter«, da sind einige Freundinnen und Freunde von mir. Die redn a über alles, sogar im Fernsehen!«

Schulisch war dieses Mädchen komplett daneben, ja in Englisch zum Beispiel total blank! Sie verstand nichts, gar nichts, die einfachsten Phrasen, Vokabeln wie »I am« waren unbekannt, keinerlei Sprachgefühl, keine Kenntnisse irgendeiner Aussprache waren vorhanden. Noch nie in meinem Lehrerdasein begegnete ich einem Schüler mit 15 Jahren, der so blank an Fremdsprachenkenntnissen war. Das ist wohl eher das seltene Ergebnis unseres Schulsystems, dass jemand am Ende der Schullaufbahn komplett ohne irgendwelche Grundkenntnisse – also in Englisch völlig nackt – angetroffen wird. Dementsprechend waren natürlich die Provokationen, wenn man dieses Mädchen in den Unterricht aktiv einbeziehen wollte. Zu Beginn konnte ich diese absolute Verweigerung nicht zuordnen, ich dachte, das Mädchen wolle mich »pflanzen«, ärgern und es dauerte, bis es auch bei mir durchsackte, dass da tatsächlich die Lektion der ersten Englischstunde, »I am«, nicht angekommen war. Immerhin waren mehrere Jahre Hauptschule in der Schullaufbahn des Mädchens vermerkt. Es folgte die übliche Wortmeldung:

»Was soll das, das kann ich nicht, was heißt der Scheiß auf Englisch, das brauch ich nicht, lassen Sie mich mit Noten in Ruhe, wollen Sie mir drohen? Oida, mach dich nicht wichtig, wer braucht Englisch, fuck, fuck?«

sind einige Antworten auf derartige Versuche.

Der Mangel an Fertigkeiten und Fähigkeiten wird durch forsche, freche Antworten, schlechtes Benehmen übertüncht, bringt bei den Mitschülern aber Achtungserfolge, Lacherfolge und zeigt so in etwa auf:

»Schaut's her, so macht man das. Mir kann der nix anhaben!«

Es ist eine Art Bühnendarstellung für sie und für kurze Zeit erfährt man Aufmerksamkeit und steht im Mittelpunkt, was man sonst nie oder nur selten erlebt.

Selbst andere Schüler der Klasse, durchaus nicht die besten, wunderten sich über eine derart blanke Performance in Englisch, dass sie sich überraschend sogar lustig machten und das Mädchen zum Beispiel fragten: »Was heißt ›My name is…‹ oder ›How are you?‹« Oder sie zeigen sogar Witz, indem sie meinen: »Du sprichst ja Englisch, ›fuck‹ ist ja Englisch!«

Belustigt nehmen sie die Unkenntnis des Mädchens und auch hier die gegen sie gerichteten Beschimpfungen des Mädchens zur Kenntnis!

Ganz arg geht es dabei auch in anderen Fächern zu, zum Beispiel in »Politischer Bildung«. Politische Zusammenhänge, Parteien, Parteiprogramme, Demokratieverständnis sind Fremdwörter. Jegliches geschichtliches Wissen, jegliche Tagesinformation durch Medien aller Art fehlen. Es geht an dieser Jugend vorbei.

Wer jemals den Ö3-Mikromann gehört hat, weiß, wovon ich spreche. Es herrscht die absolute Unkenntnis jeglicher Zusammenhänge, es tun sich Lücken auf, die man schlichtweg für unmöglich hält. So ungebildet, dem täglichen Geschehen fern, kann niemand sein. Ich habe leider die Tatsache zu vermerken, hier eines Besseren belehren zu müssen. Blank von allem, blank am Geschehen täglichen Lebens besteht völliges Desinteresse an Veränderung, und man muss diese Tatsache erst mal verdauen.

Dazu kommt noch ein Nicht-Zuhören, ein Nicht-Hinhören, was die Situation fast schon ins Lächerliche zieht, sind doch oft in der Frage schon die Antworten enthalten.

O Schreck! Da erkennt man doch gleichberechtigte Jungbürger unserer Republik, die fern jedes Durchblicks im wahrsten Sinne des Wortes ein **Stimmrecht** haben.

Ihre Ignoranz, Unwissenheit, ihr Mangel an Möglichkeit eines vernetzten Denkens, ja überhaupt einer Idee, ihr Mangel an jeglichem Grundverständnis demokratischer Gesellschaftsformen, worum es gehen könnte – lassen einen Normalbürger fast depressiv werden.

Sie mixen Parteien, wenn ihnen überhaupt eine einfällt, und Personen durcheinander, wollen ständig Orientierungshilfen, wie »Was wählen Sie?« und plappern aufgeschnappte Sätze über Strache, die SPÖ, die ÖVP oder wen auch immer, ohne den Inhalt bewusst aufzunehmen bzw. zu verstehen. Dies wird noch dadurch verstärkt, dass man mit 16 Jahren schon das Wahlrecht zugesprochen erhielt. Quo vadis wirklich, Österreich?

Ein anderes Mädchen, keine Schulschwänzerin, aber ohne Leistungen, von mir befragt, warum ich keine Hausübungen erhalte, keine Mitarbeit vorfinde, verblüffte mich komplett.

Ich sagte zu ihr: »Ich möchte nichts falsch machen und deshalb wissen, was du denn am Nachmittag machst oder warum du eine derartige Blockade an Leistungen bietest, also warum gibt es keine Hausübungen, was machst du am Nachmittag, arbeitest du?«

Die Antwort machte mich nach fast 40 Dienstjahren sprachlos: Vor versammelter Klasse bekam ich die Antwort:

»Ficken, blasen, Muschi lecken!«

Ich hatte alles erwartet, natürlich nicht diese Antwort, die mich total schockierte, perplex machte. Im ersten Moment schockte mich die Ungeheuerlichkeit und ich ließ es ohne Kommentar vorerst bewenden. Ich wusste auch tatsächlich nicht, was ich in diesem Moment hätte sagen sollen. Für einen Augenblick hatte ich sogar gemeint, ich hätte mich verhört!

Erst durch einige später erfolgte Wortspenden zu ihren Mitschülern, wie: »Was is, du Hurenkind?«, »Das geht ma am Oarsch vorbei«, »I blas da an, aber net heit!« erkannte ich die Subsprache dieses Mädchens, das sich nicht einmal der Provokation und Tragweite derartiger Äußerungen bewusst war.

Es war ihre Umgangssprache, wahrscheinlich milieubedingt, die sie so abdriften ließ. Im Laufe des Schuljahres erkannte ich, dass dieses Mädchen absolut führ-, unterricht- und belehrbar war. Es war eine »reine Elisa« mit vulgärer Sprache, aber in diesem Fall mit einem dennoch guten Kern im Charakter. Letztendlich gab es brauchbare Noten und es konnte auch eine entsprechende Lehrstelle gefunden werden.

Diese Subsprache von Mädchen war ein arger Brocken und Schock für mich und ich wehrte mich von Anfang an gegen diese sprachlich tiefen Auswüchse erfolglos. Es half nichts, viele dieser Schüler empfinden diese Ausdrucksweise als normal, haben keine Hemmschwelle und sind sogar arglos und im weitesten Sinne manchmal unschuldig.

Schulschwänzer zeichnen sich oft durch völlig andere »Qualitäten« aus, sie leben in ihrer »Gang«, negieren jegliche Norm, rauchen, trinken, haben sexuelle Beziehungen und Erfahrungen, die mitunter sehr früh zu Vater- und Mutterschaft bzw. zu Abtreibung führen. All das passiert freilich nicht in einem familiären Intimbereich, nein, man geht damit ungeniert an die Öffentlichkeit.

In einem Einzelfall posaunte ein Mädchen stolz, natürlich während des Unterrichtes, heraus, dass es schwanger sei. Weil aber mehrere Väter in Frage kämen, müsse es jetzt abtreiben. Von anderen gefragt, warum es sich mit mehreren Burschen eingelassen habe, meinte das Mädchen wörtlich: »Was kann ich dafür, dass ich so gut ficke und alle mit mir ficken wollen?«

Wie gesagt ein Einzelfall. Schwangere Mädchen, die noch im Laufe des Schuljahres entbunden haben, habe ich mehrere erlebt. Meist war der Umgang mit der Situation für mich überraschend. Die Eltern dieser Mädchen zeigten als werdende Großeltern viel Verständnis für die Tochter und versuchten das Beste aus den gegebenen Umständen herauszuholen. Eine Art Karenzzeit wurde negiert, man wollte die Mädchen möglichst lange in der Schule belassen, damit sie noch zu einem Abschluss kämen.

Einmal verließ ein Mädchen immer wieder den Unterricht, um in der schulnahen Wohnung das Baby zu stillen.

Es gibt also in jedem Schuljahr 14-, 15-Jährige, die die eine oder andere Erfahrung machen. Geburten, jedoch mehr Abtreibungen gehören zum Alltag von Schülerinnen in Pflichtschulen. Zwar nicht an der Tagesordnung, aber dennoch gibt es immer wieder Schwangerschaften und Geburten während des Schuljahres.

Man könnte sich über dieses Thema noch weiter auslassen, von weiteren Exzessen berichten, von Homosexualität, die auch in diesem Alter schon auftritt und angesprochen wird. Zumindest sind es homosexuelle angedeutete Handlungen, die da ab und zu beim Turnunterricht in der Umkleidekabine vorfallen. Allein, das Bild rundet sich bereits durch diese kurze Darstellung und zeigt den Stellenwert auf.

»Erziehungstechnisch« fehlt die Kinderstube, der Anstand, ein Verhaltenskodex, wie man mit Sexualität in der Öffentlichkeit umzugehen hat oder umgehen sollte. Dass Lehrer als Sittenwächter immer wieder mal massiv eingreifen müssen, war mir jedenfalls neu.

Es besteht also Handlungsbedarf in vielen Richtungen. Das müssten meine Ausführungen bislang erbracht haben.

Wer aber übernimmt die Verantwortung für Veränderungen, Reformen oder ergeben wir uns weiter in Erduldung und Beharrung? Welche Reformpläne schwirren in den Köpfen der Experten, welche gesellschaftlichen, unabdingbaren Forderungen sind in die Schule von morgen einzubringen? Fragen, denen wir uns zu stellen haben.

8
REFORMPLÄNE

Was kann unsere Gesellschaft da wirklich tun, was will unsere Gesellschaft denn, wer ist denn der Rädelsführer in diesem Dschungel von **Reformplänen, Veränderungswünschen?** Das sind wohl die Fragen, die es zu beantworten gilt.

Helfen werden sich Lehrer wohl selbst müssen. Wenn sie dabei aber an die Öffentlichkeit gehen, sich artikulieren, einen Problemkatalog präsentieren und zum Beispiel mehr Befugnisse, rechtliche Möglichkeiten für Erziehungsmittel einfordern, werden sie im wahrsten Sinne des Wortes verbal geprügelt bzw. vorgeführt.

Es sind die Presseberichte des *Standard* und der *Salzburger Nachrichten*, der *Kronen Zeitung* im Herbst 2013 noch in bester Erinnerung, wo man Lehrern zu verstehen gab, sie seien schlecht ausgebildet, im Beruf schwach, sie sollten sich eines besseren Unterrichtes befleißigen und nicht »ihre Macht« einzementieren wollen durch gesetzliche Legitimierung.

»Klare Mehrheit gegen Strafen für Schüler«, »Nicht genügend für Lehrer, die für mehr Strafen plädieren«, so lautete einst eine Titelzeile im Standard vom 20.10.2009.

»77 Prozent der Österreicher sprechen sich gegen die Wiedereinführung von Strafen für Schüler aus«, heißt es weiter in diesem Artikel. Umgekehrt wünschten sich lediglich 15% laut der Umfrage des Klagenfurter Humaninstitutes unter 850 Personen Sanktionsmöglichkeiten.

78% sehen einen zunehmenden Autoritätsverlust als Grund für diese Lehrerforderung nach Sanktionsmöglichkeiten, 65% sprechen von pädagogischem Unvermögen als Ursache und 47% führen eigene Ängste an.

In diese Kerbe schlägt offensichtlich auch Frank Stronach einige Jahre später mit dem Wahlkampfbeginn 2013: »6000 unfähige Lehrer sollten entfernt werden!«

Lehrer, die sich für mehr Strafen aussprachen, wurden geradezu »vernichtend« beurteilt. 56% werteten diese Forderung mit einem »Nicht genügend« für Lehrer. Ja man titelte sogar »Lehrer wollen ins Mittelalter zurück!«

Diesen Bewertungen vorausgegangen war eine Forderung der christlichen Gewerkschafter nach **klaren gesetzlichen Regelungen für sofortige Konsequenzen bzw. Sanktionen**, wenn Schüler Grenzen überschreiten.

Diese Forderungen richteten sich unter anderem an Verpflichtungen für Sozialdienste bei Vandalismus und Zerstörungen fremden, schulischen Eigentums. Es sollten auch Möglichkeiten eröffnet werden, um nicht erbrachte Unterrichtsleistungen nachzuholen, Ausschluss von gemeinsamen Aktivitäten, solange Fehlverhalten eine Kooperation mit dem Schüler bzw. dem Elternhaus unmöglich machen.

Auch die im Herbst 2013 an die Öffentlichkeit getragene Forderung, man solle die Schulpflicht mit dem Bildungsstand und nicht dem Alter verknüpfen, kann lediglich ein positiver Ansatz bei der Problembewältigung sein.

Das Resultat, die Beurteilung dieser Anliegen von Lehrern, normative Möglichkeiten zu schaffen, durch die Öffentlichkeit muss nicht nochmals wiederholt werden.

Darauf noch näher einzugehen erübrigt sich. Es verdeutlicht aber auch, welchen Stand die Gewerkschaften mit derartigen Forderungen haben.

Seit den 70er Jahren des vergangenen Jahrhunderts, seit der Ära Kreisky, wird Schule und Schulpolitik offensichtlich bewusst oder unbewusst missverstanden. Der Begriff **Chancengleichheit** war das Schlagwort jener Zeitepoche und bis heute geistert seitdem dieses Missverständnis durch viele Köpfe. Man definierte nämlich sehr oft diese Chancengleichheit mit einer Gleichschaltung der Bildung zu Lasten der Leistungsstarken.

Menschen unterliegen nun mal verschiedenen Dispositionen, haben verschiedene Fähigkeiten, Potentiale, Begabungen und auch Mängel.

Man zerstört die Marke Schule, wenn man ihre Konturen verwässert. Unsere derzeitige Diskussion um die »Neue Mittelschule« läuft genau in diese Richtung. Eine Gleichschaltung der 10- bis 14-Jährigen deckelt die Leistungen von Schülern und kann dadurch zu Bildungsverlusten führen.

Schule muss sich differenzieren, um unterschiedliche Anforderungsprofile, Leistungshaltungen einfordern zu können. Eine Gleichschaltung zerstört Qualität, tötet vielleicht Leistungswillen,

Neugier, größeres Interesse von Hochbegabten, wenn sie nicht mehr gefordert werden.

Individualisiertes Lernen ist das pädagogische Zauberwort in der Lernpädagogik, und setzt man das konsequent um, ist die Struktur, in der dieses Lernen erfolgt, nicht mehr von so großer Wichtigkeit, wie viele offensichtlich meinen.

Wenn man nämlich in falschem »Standesdünkel« denkt und das Gymnasium als Eliteschule bzw. eine Schule der »Bessergestellten« sieht, eine Schule auf der Überholspur, ja wen soll man überholen, wenn alle diese Schiene fahren?

Menschen sind vielfältig, bunt, kreativ, begabt, weniger begabt, faul, fleißig, motiviert, interessiert, desinteressiert, neugierig, belesen, weniger belesen, gebildet, setzen Schwerpunkte hier und dort, sind groß, dick, klein, dünn und in der Schule sind sie eine nicht differenzierte Gesamtheit?

Zweifelsohne wird ein Ansprechpartner für die Bewältigung der Aufgaben der Schule das Bundesministerium für Unterricht sein müssen, der jeweilige Unterrichtsminister Schulentwicklung auf seiner Tagesordnung haben müssen.

Andere Partner sind die pädagogischen Hochschulen, die pädagogischen Institute der wissenschaftlich orientiert arbeitenden Universitäten, die psychologischen Fachexperten, Fachdisziplinen, die Interessensvertretungen unseres Staates, die Religionen, die Kammern, die Parteien mit ihren gesellschaftsrelevanten Zielvorstellungen.

Natürlich wird auch ein internationaler Vergleich, ein Hinausschauen über den Tellerrand von großer Wichtigkeit sein. Nicht zuletzt deshalb, weil wir uns mit der **Pisa-Studie** ja ständig einem europäischen Vergleich, ja fast schon Wettbewerb stellen. Wie lange noch und wir vergleichen uns vielleicht global?

Allerdings hat es, wie ich zu Beginn schon kritisch anmerkte, durch den kürzlich verfügten Stopp der Teilnahme an der Pisa-Studie durch die zuständige Ministerin wegen eines »Datenklaues« großen Aufruhr gegeben und viel Experten sahen darin einen enormen Nachteil für Österreich und die zukünftige Beurteilung der Schule. Das sei ein Schritt in die falsche Richtung, ins 19. Jahrhundert zurück, ja man sei geradezu verärgert wegen dieser Maßnahme und es sei unverantwortlich, die Vergleichsbasis zu nehmen. Diesen vehement vorgetragenen Argumenten hat sich nunmehr die zuständige Ministerin in einem »Salto rückwärts« wieder gebeugt und es wird die Pisa-Studie weiterhin ohne Unterbrechung geben. Das ist gut so!

Gerade die Ergebnisse der Pisa-Studie haben Österreich etwas wachgerüttelt, glaubte man doch, ein gutes Schulsystem zu haben, genug Investment in die Schulen zu geben. Man pochte auf Tradition, auf eine schon sehr früh eingeführte »Allgemeine Schulpflicht« durch Maria Theresia.

Als die Ergebnisse dann eine andere Position der österreichischen Schüler im europäischen Ranking aufzeigten, als erwartet worden war, gab es »Feuer am Dach«.

Niemand hatte mit mittelmäßigen Platzierungen gerechnet und schon begann die Diskussion wieder, die eigentlich seit den 60er Jahren des vergangenen Jahrhunderts läuft. Damals hatte man sich in einem Regierungsprogramm auf eine umfassende Strukturreform der Schule geeinigt, nur bislang scheiterte man an der Umsetzung bzw. sind diese großen Pläne wohl in Vergessenheit geraten.

Es wird viel Geld an Input in die Bildung und in die Schulen in Österreich gegeben, darüber herrscht mehr oder weniger Einigkeit. Natürlich sind die Begehrlichkeiten nie gesättigt und wird immer Geld gefordert werden. Begnügte man sich bislang mit einem relativ hohen Investment für die Schulen und die allgemeine Bildungslandschaft, hat sich seit dieser Pisa-Studie die Sichtweise wesentlich geändert.

Man schaut nach dem Output, nach den Ergebnissen, was denn da letztendlich rauskommt an Bildungserfolgen im europäischen Vergleich.

Die Zahlen und Fakten sprechen eine deutliche Sprache: Sind wir im Input, im Investment ziemlich oben im Ranking aller europäischen Staaten angesiedelt, verhält es sich mit dem Output, der Effizienz unseres hoch dotierten Systems umgekehrt. Hier sind wir im unteren Bereich, nahe am »Ende« des Rankings gelegen.

Es läuft also etwas falsch, offensichtlich.

Wir sind »Weltmeister« im **Studienabbruch**, haben laut OECD eine geringe Akademikerquote gegenüber den europäischen Vergleichsstaaten, eine hohe »Dropoutrate« bei den 15- bis 17-Jährigen.

Anderseits haben wir aber im **dualen Ausbildungssystem** eine Trumpfkarte, die allerdings auch nicht mehr so sticht, weil viele Schüler am Ende ihrer Schullaufbahn unvermittelbar sind.

Es fehlt an Grundkenntnissen in den Kulturtechniken. »Rechnen, Lesen, orthographisch richtiges Schreiben« sind Wunschziele und sehr oft nicht erreicht.

Schüler erreichen den Hauptschulabschluss nicht, scheitern in den Jahreszielen und somit ergibt sich die Tatsache, dass wir in Österreich über 48.000 »Nicht genügend« am Ende eines Schuljahres haben.

Gerade aktuell dazu stehen wir in der Diskussion, wie schon erwähnt, die Schulpflicht mit einem Mindeststandard an Fertigkeiten und Leistungen zu koppeln. Ein Vorschlag, der vielen gefällt, und es bleibt abzuwarten, was sich dann letztendlich daraus ergeben wird.

Eine Vergleichszahl aus Finnland, einem Leaderland der Pisa-Studie gefällig? Dort erreichen vierzig bis fünfzig Schüler das Jahresziel nicht.

Schaut man ein bisschen hinter die Kulissen, so ist der **Leistungswille, der Lernwille** überaus stark präsent. Schulschwänzen ist zum Beispiel nicht drinnen, weiß doch schon das gesamte Umfeld, welcher Schüler aus welchen Gründen auch immer fehlt.

Mit einem Wort, die gesamte Gesellschaft macht sich eine gute Ausbildung der Jugend zum Ziel und die Primärkompetenzen, die ich schon eingefordert und präzisiert habe, sind größtenteils vorhanden.

Österreich ist mit Bemühungen um das richtige Schulsystem, mit der Diskussion um Schulreformen keineswegs allein.

Erst im Juli 2010 gab es in Hamburg eine Volksbefragung zur Schulreform mit großer Emotionalität. Es ging um den »Richtungsstreit«, soll man die Volksschulzeit von vier auf sechs Jahre verlängern und dem gegenüber die Gymnasialzeit auf sechs Jahre verkürzen. Argumente, Experten, Überlegungen, Für und Wider gab es auf beiden Seiten. Es »siegte« das bestehende Modell: vier Jahre Volksschule und acht Jahre Gymnasium. Warum wohl? Vielleicht, weil man das Gymnasium nicht »beschneiden« wollte, darin immer noch eine notwendige umfassende, zeitaufwändige Ausbildungsschiene sieht und diese nicht nach unten nivellieren wollte?

Schule ist im Umbruch, überall. Eltern tun sich mittlerweile oft sehr schwer in der Schulentscheidung. In den 16 Bundesländern in Deutschland erfolgt die Entscheidung, ob ein Kind ins Gymnasium geht entweder auf Elternentscheid oder auf Empfehlung auf Basis des Notendurchschnitts oder auf Verbindlichkeit guter Noten in den Hauptgegenständen.

Ähnlich läuft es in Österreich, wobei klar zu erkennen ist, dass in den Ballungszentren Gymnasien bereits die Gesamtschule sind und dann eben Schüler nach Ende der Schulpflicht, also nach dem 15. Lebensjahr, mit negativen Noten von der Schule weggewiesen werden.

Der Wunsch nach Reform ist virulent. Die »**Neue Mittelschule**« (NMS) geistert als Lösungsmodell, hoch gelobt oder stark kritisiert, durch unsere Schullandschaft. Befürworter und Verfechter dagegen halten sich dabei offensichtlich die Waage. War ein »Dafür« oder ein »Dagegen« früher offensichtlich parteipolitisch motiviert bzw. begründet, verwischen sich diese Merkmale zusehends.

Ich habe schon auf die Zwiespältigkeit dieser Reform, die in meinen Augen lediglich der Austausch einer Etikette ist, hingewiesen. Zwar haben bereits vor über 23 Jahren Reformversuche in der Steiermark durch die Schulversuche »Neue Mittelschule« und »Realschule« eine Aufbruchsstimmung verursacht, die im Laufe der Jahre allerdings abhanden gekommen ist. Zu vage, zu zaghaft war die Unterstützung der Politik für Veränderungen, die von der Basis von Lehrern, die im Unterricht standen, niedergeschrieben, gewünscht und gefordert wurden. Es fehlten die notwendigen Rahmenbedingungen bzw. wurden diese zögernd hinterherhinkend, zu spät zur Verfügung gestellt.

Diese Laxheit, diese Schwerfälligkeit diverser Politiker (man muss den Bildungshintergrund einzelner Verantwortlicher einmal genauer anschauen, dann versteht man das besser) begründet sich schlichtweg in einem Unvermögen, Durchblicke zu haben, vernetzte Strukturen in der Schule verändern zu können. Und ganz oben im Ranking der Argumente bzw. der Nichtberücksichtigung steht die Parteipolitik, der Klubzwang.

Quer durch die politische Landschaft teilen sich nun Meinungsbildner in »Dafür« und »Dagegen«. Umso schwieriger wird es für die betroffenen Schüler und Eltern. Pädagogische Wissenschaftler und Experten hingegen, die wissen, wovon sie sprechen, warnen vor dieser neuen Mittelschule und allzu großen Erwartungshaltungen.

»**One size fits all**«, davor wollen fundierte Vordenker nichts wissen. Dies sei ein total falscher Ansatz. Zwar helfen Strukturreformen kurzfristig, man müsse aber eine Reform breiter ansetzen. Diese definiere sich aus dem Aufgabenprofil der Schule der Zukunft. Ständige Flexibilität und ständige Lernbereitschaft seien Ingredienzien, ohne die eine Schulreform nicht zielführend sein kann. Und diese ständige Lernbereitschaft ist eine erste, fast unüberwindbare Hürde, wenn man sie in der so weitumfassenden NMS einfordern will. Sie ist bei vielen Schülern aus verschiedensten Gründen, wie wir bereits wissen, einfach nicht gegeben. Also anders ausgedrückt, ohne den Kunden, den Schüler bzw. eine gravierende Verhaltensänderung vieler Schüler wird es nur eine partielle Reform geben. Damit ist dann auch die NMS negativ besetzt und führt keineswegs zu den erhofften Verbesserungen der österreichischen Schulsituation.

Die Aufgaben der Schulen der Zukunft fassen sich wohl in einer breiten Integration, nicht nur von Migranten, sondern von allen, die Lerndefizite aufweisen, zusammen. Diese Defizite gilt es abzubauen. Forcierung von Fachkräften, Beseitigung des Akademikermangels, Einbindung der soziographischen Gegebenheiten – in welchem Umfeld agiert die Schule – sind weitere Vorgaben für eine Bewältigung der zahlreichen Herausforderungen von morgen.

Der Output, welche Menschen verlassen die Schule, wozu sind sie befähigt worden, ist in Zukunft das Gütesiegel einer Schule. Dazu ist eine **Vielzahl von punktuellen Reformen** notwendig, die mit Nachhaltigkeit durchgezogen werden müssen.

Österreich sei immer ein bisschen »reformschwanger«, da ein bisschen, dort ein bisschen, meinte Hopmann, Universitätsprofessor in Wien, einmal launig in einem Vortrag.

Die Nachhaltigkeit sei eingefordert, bis zum Ende. Dazu benötige man, so Hopmann weiter, auch eine Totalautonomie der Schule in Budgetfragen und weiter auch in Personalfragen, eine Dienstrechtsreform, eine flexiblere Unterrichtsgestaltung, die Binnendifferenzierung, die Forcierung individuellen Lernens und die Variierung von Gruppengrößen und Gruppenzusammensetzungen.

Die formale Gleichschaltung, wie sie in der NMS passiere, erbringe keine reellen, langfristigen Verbesserungen. Handlungskompetenz ist gefordert, wolle man die Schule für die Zukunft vorbereiten.

Betrachtet man diese Überlegungen genauer, so sind tatsächlich einige Punkte im Ansatz in Angriff genommen worden. Besonders das **Dienstrecht,** die damit verbundene Reorganisation der Ausbildung stehen laufend zur Diskussion. Gewerkschaftliche Hemmnisse werden derzeit von der Regierung unter Außerachtlassung sozialpartnerschaftlicher Vergangenheit weggewischt und es scheint so zu sein, dass zumindest in absehbarer Zeit, wenn auch nicht sofort, erste Reformergebnisse auf dem Tisch liegen werden.

Fakt ist, dass der Dauerbrenner österreichischer Regierungen, die **Bildungsreform,** dringend notwendig ist und dies auch erkannt wurde. Allerdings scheint es inhaltlich noch völlig offen zu sein, wo der Hebel anzusetzen ist, ob man ohne Gymnasium das Auslangen finden wird oder kann, ob die NMS der Weisheit letzter Schluss ist.

Aus meiner Sicht ist ein vielfältiges, wie jetzt schon bestehendes Angebot an Ausbildungsmöglichkeiten richtig. Verändert werden sollten die Rahmenbedingungen.

Ohne Disziplin und lediglich mit »laissez faire« wird es nicht möglich sein, die dringend als notwendig erkannten und definierten Ziele zu erreichen:

- Was kann unsere Schule eigentlich?
- Wie ist der Ist-Zustand?
- Wohin können Reformansätze gehen?
- Welche Maßnahmen sind zu setzen?

Das sind wohl die ersten strategischen Punkte, die aus meiner Sicht einer umfassenden Reform vorgeschaltet werden müssten.

Eine Umschau in der Expertenriege für Schulreformer gibt ebenfalls zahlreiche Hinweise und konkrete Ansätze für Reformüberlegungen. Einige stelle ich hier zur Diskussion.

»Kinder lernen das Falsche!« Von dieser Ausgangsthese startend, präsentiert Richard David Precht in einem Aufsatz »Schule kann mehr« 10 Prinzipien für eine Bildungsreform.

Es gäbe keine optimale Schule, man nütze auch die Möglichkeiten eines »hirngerechten Lernens« trotz der Erkenntnisse der Entwicklungs- und Lernpsychologie nicht. Wie könne man also unsere Schule besser machen? Das Leistungsniveau zu steigern ist ein berechtigter Ansatz, könne aber nicht mit mehr Stoff und schnellerer Vermittlung erzielt werden.

Im Gegenteil, langsameres, vertieftes, eindringlicheres, individuelleres Lernen führe eher zum Erfolg. Wie erreicht man also dieses höhere Bildungsniveau?

In der folgenden Darstellung werden **10 Reformpunkte, Reformansätze** vorgestellt:

- **»Zerstört die Motivation der Kinder nicht!«**, so ein erster Ansatz. Kinder wollen lernen, sie müssen sich dabei entfalten dürfen, es dürfe auch einmal langweilig sein. Ab und zu müsse sich der Lernbegleiter auch zurückziehen, um die Individualität wachsen zu lassen.

- **»Jedes Kind ist anders«**, deshalb müsse man jedes Kind individuell lernen lassen. Das sei das zweite Prinzip. Offene Lernformen, eigenes Lerntempo, Nutzung des Internets genauso wie des Buches sei zu forcieren. Dabei wird der Lehrer zum Coach.

- **»Vergesst die Fächer«**, ein dritter Ansatz nach Precht. Der Fächerkanon müsse vernetzt werden, dem normalen Leben außerhalb der Schule angepasst werden. Ein Klimawandel sei Thema vieler Bereiche, einschließlich der Politik. Projektartig zu arbeiten, die Zusammenschau verschiedener Disziplinen wäre der Weg, die Neugier der Kinder zu fördern und vernetztes Denken zu trainieren.

- **»Unterricht durch Lernteams«**. Dahinter steht die Idee, in Lerngruppen, altersübergreifend, also mit Auflösung des Klassenverbandes, zu arbeiten. Vor allem ältere Schüler könnten so nach der fünften Schulstufe diese Organisationsform wesentlich besser nützen, könnte man doch im »Freundeskreis« sich neuen Stoffgebieten stellen.

- **»Vertiefte Beziehungen«**. Damit urgiert der Autor eine intensivere Arbeitsbeziehung der Lehrer, aber auch der Lehrer zu den Schülern. Ja, man könne sogar Lernhäuser errichten, um dieser vertieften Arbeitsweise näher zu kommen.

- **»Werteförderung«**, so lautet ein weiteres Prinzip. Man müsse sich mit seiner Schule identifizieren können, es müsse Rituale geben, die eine Schule zu etwas Besonderem machen. Der Teamgeist, eine corporate identity erlaubten einen Wettbewerb, man könne Stolz auf die Schule entwickeln.

- **»Verschönerung der Lernorte«**, eine verbesserte Infrastruktur ist ein weiterer Vorschlag. »Wohlfühl-Schulen«, ein Ambiente, in dem man sich wohlfühlt, sei ein positiver Verstärker für Lernerfolge. Moderne Architektur, ein Campus, in dem man sich auch zurückziehen kann, eine moderne Ausstattung der Schule sind Motivatoren.
- **»Konzentrationstraining«** sei dringend erforderlich. Die Reizüberflutung, das Tempo des Wechsels von Tätigkeiten überfordert Kinder. Die Schule müsse für Stille, Ruhe und Konzentrationsmöglichkeiten sorgen. Dazu ist Coaching gefordert. Von der einfachen Konzentrationsübung bis zur eigenen Meditationstechnik.
- **»Die Abschaffung der Noten«** sei ein weiterer wesentlicher Reformpunkt nach Precht. Man könne Motivationszuwachs, Interesse, Ideenentwicklung, Umgang mit Misserfolgen nicht in Ziffern ausdrücken. Als Ersatz sollte ein »auf die Individualität des Kindes bezogenes Monitoring« treten. Eingedeutscht, es sollten schriftliche Beurteilungen über Können, Entwicklung, die Persönlichkeit Auskunft geben. Ein derartiger Qualitätskatalog könnte »Führungsstärke, Begeisterungsfähigkeit, Flexibilität, Teamgeist« umfassen.
- **»Die Ganztagsschule«** wäre schließlich die letzte Forderung in diesem Reformvorschlag. Die Schule der Zukunft kümmere sich um die ganze Lernbiografie, in der Schule, außerhalb des Elternhauses. Ganztägiges Lernen, verschränkte Unterrichtsformen, integrierte Freizeitmöglichkeiten gehen umfassend auf die individuellen Bedürfnisse ein.

Man müsse das »Gestern« verlassen und den Fokus auf die Zukunft richten, sich den neuen Bedürfnissen unserer Gesellschaft auch in den Schulen stellen. Eine Bildungsreform sei dabei unabdingbar und es sei höchst an der Zeit, damit umfassend zu beginnen.

Dazu müsse neben der strukturellen Veränderung der Schule auch eine innere Reform erfolgen.

Einige Ansätze einer inneren Reform im nächsten Kapitel könnten reelle Verbesserungen herbeiführen.

9
LÖSUNGSANSÄTZE UND DIE PRAXIS

Diese Ansätze einer inneren Reform, in einer Art Aufsatz mit dem Titel »**Gedanken, Überlegungen zur Arbeit in Kooperations-, Polytechnischen- und Fachmittelschulklassen**« zusammengefasst, leiten damit in eine Art »Praxisteil« über. Es geht darum, konstruktive Vorschläge einer Verbesserung der Situation anzubieten und zur Diskussion zu stellen. Die Motivation dazu ist nach 40 Jahren Arbeit in diesem Metier weiterzugeben, was man als nicht zweckmäßig, zielführend kennengelernt hat und andererseits vorzustellen, wie es auf Grund des Erfahrungsschatzes eine Bildungsreform eventuell doch geben könnte und was sie berücksichtigen müsse.

PRÄAMBEL

Eine positive Antwort zu meiner Bewerbung als Lehrer in Wien ermöglichte mir eine wesentliche »Horizonterweiterung« im Unterrichtsbereich und stellte mich gleichzeitig vor die Aufgabe, völlig umzudenken und viele Problembereiche zu bewältigen.

Ich erhielt also eine Chance, in so genannten Kooperationsklassen, aber auch in Klassen der PTS und in der mir bis dahin unbekannten Fachmittelschule arbeiten zu können.

Kooperationsklassen definieren sich dadurch, wie ich bereits einführend darstellen konnte, dass Schüler verschiedenster Levels – allen gemeinsam ist der fehlende Hauptschulabschluss – aus verschiedensten Schulstufen (außer der achten) diese Klassen besuchen. In Wien sind pro Jahrgang ca. 500 Schülerinnen und Schüler in derartigen Klassen eingeschrieben.

Für mich war das sozusagen »pädagogisches Neuland« und es erforderte eine totale Neuorientierung meiner pädagogischen Instrumentarien, die ich bislang erlernt hatte und anwenden konnte.

Schüler dieser Klassen sind aus verschiedensten Gründen in ihrer schulischen Laufbahn gescheitert, manchmal an den Lebensumständen schlechthin, manchmal an Begabungsmangel, Fleiß, Ausdauer und Talent, manchmal an Milieuumständen, manchmal an Integrationsschwierigkeiten, manchmal an fehlender Sprach-

kompetenz in Deutsch, manchmal auch an Defiziten, die unser Schulsystem als Ursache vermuten lässt.
Es liegt in der Natur der Sache, dass der Großteil der Schüler demotiviert, überfordert ist, mit einem Wort von Schule und Unterricht nichts mehr wissen will. Unglaublich dramatische Zahlen an Fehlstunden, bewusster Abkehr von der Schule unter Ausnutzung unseres Systems beweisen dies.
In mehrjähriger Arbeit in Kooperationsklassen habe ich einige Schüler überhaupt nicht zu Gesicht bekommen und einige Schüler »kenne« ich gerade mal acht bis zehn Tage insgesamt vom Unterricht her.
Daraus ziehe ich den ersten Rückschluss bzw. stelle ich die

These 1 auf:
Schüler in Kooperationsklassen haben großteils mit Schule wenig bis gar nichts am Hut, die Schule geht ihnen, wie sie selbst oftmals lauthals artikulieren, »am Arsch« vorbei.

These 2 besagt,
dass Frust und negative Erfahrungswerte Ursache dafür sind. Diese Schüler sind schon einmal an sich, an der Schule, am System, an den Umständen – an was auch immer – gescheitert und nunmehr begegnet ihnen genau dieselbe Schule, derselbe Unterricht, derselbe Fächerkanon, eventuell dieselbe Unterrichtsvermittlung wieder. Sie sind dadurch überfordert, teilweise vielleicht auch in wohl eher seltenen Fällen unterfordert und steigen schlichtweg aus. Sie verabschieden sich, tauchen in eine irreale Welt ab, Gewalt, Aggression (manchmal auch Drogen bzw. erste Versuche mit Marihuana, neuen Tabletten) sind Wegbegleiter.

These 3 besagt,
dass neben kognitiven Defiziten vor allem in den »Hauptgegenständen« meist parallel auch erzieherische Mängel aufscheinen. Ja, mitunter ist eine eventuell erfolgte Erziehung nicht ort- und erkennbar. Es gibt keine Werteskala, keine Hemmschwellen, keine Tabus.
Es fehlt diesen Schülern an SOZIALKOMPETENZ, an SENSIBILITÄT, an KREATIVITÄT, an einfachem KNOW-HOW, wie man mit anderen Menschen umgehen könnte, welche Standards von un-

serer Gesellschaft eingefordert sind und wie man sich bestmöglich integrieren könnte. Es fehlen Basics, Schlüsselqualifikationen.

Die Aussichtslosigkeit, das Wieder-Erkennen des Scheiterns ruft fast einen Stufenplan ab: Gewalt, Aggression, Lethargie, totale Apathie sind dabei die einzelnen Schritte.

Diese wenigen Fakten (jederzeit beliebig erweiterbar) sind schon Grund genug, um eine **andere Art von Unterricht** anzudenken, sich KOOPERATIONEN mit den Schülern in diesen Klassen zu stellen.

Ich habe vor nunmehr fast 22 Jahren den damals größten Schulversuch der Steiermark,»die Realschule«, mitkreiert und mir mit Gleichgesinnten in einem Team »pädagogischen Frust« von der Seele geschrieben.

Der damalige Präsident des Steirischen Landesschulrates, Univ. Prof. Bernd Schilcher, nannte mich den geistigen Vater der Realschule und schon damals war mir aktives Handeln, Aufzeigen von Machbarkeit von Innovation einfach wichtig und, vor allem, ich habe an die Machbarkeit geglaubt.

Auch dieses Mal empfinde ich so, ich möchte agieren, aktiv sein und meine pädagogische Erfahrung einbringen, da ich Möglichkeiten, Ansätze von Veränderungen sehe und diese weitergeben möchte.

Diesmal ist die Situation eine andere, ich stehe am Ende meiner Berufslaufbahn, schaue in Dankbarkeit zurück und möchte speziell den Kollegen in Wien danken und vielleicht einige Denkansätze präsentieren, die möglicherweise eine positive Weiterentwicklung dieser schweren Arbeit in Kooperationsklassen, aber auch anderen Klassen der PTS oder Fachmittelschule ermöglichen.

AUSGANGSLAGE

Unser Schulsystem und die spezielle Situation in Wien werden den Anforderungen der Aufgaben in Kooperationsklassen und den Aufgaben bei der Arbeit in PTS-Klassen von den Möglichkeiten und Systemvarianten her, aus meiner Sicht, absolut gerecht.

Das Zweilehrersystem, psychagogische Zusatzbegleitung, pädagogischer Bezug in und durch Teams, finanzielle Vollabdeckung aller Bedürfnisse schaffen optimale Bedingungen, die vorhanden sind, aber vom Zieladressaten, dem Schüler und mitunter seinem Umfeld, nicht genützt, nicht erkannt, nicht angenommen, nicht wahrgenommen werden.

Deshalb könnte eine Veränderung der Zielsetzungen, der Unterrichtsvermittlung, der schulorganisatorischen Maßnahmen eine neue **DIMENSION von UNTERRICHT in KOOPERATIONS-KLASSEN**, aber auch PTS-Klassen und anderen Klassen, in denen Schüler mit vielen negativen Noten sitzen, schaffen.

Dies sei als **These 4** formuliert.

Wir müssen auf diese Ablehnung reagieren, wir können den Schülern nicht wiederum jene Schule bieten, jene Struktur stellen, in der sie bereits kläglich gescheitert sind.

Warum sollten sie plötzlich eine andere Arbeitshaltung einbringen, zumal sie in der negativen Manifestierung, gescheitert zu sein, nicht sich, sondern die Schule, die Lehrer und was weiß Gott alles dafür verantwortlich machen.

Marketingmanager »helfen« sich oft mit der Eigenschaft »NEU«, jetzt »alles NEU!« Wer verbietet der Schule ein derartiges Marketing?

Wer an Traditionen klebt, wird Veränderungen nur erleiden, erdulden müssen.

Wir müssen radikal umdenken, **weg vom Schulstufensystem hin zur Abfrage von Kompetenzen und Fertigkeiten, Schlüsselqualifikationen,** das muss unser Ziel sein!

Mögliche LÖSUNGSANSÄTZE

Sehr wichtige Innovationen sind bereits angedacht und eingefordert worden. Ich spreche dabei ganz besonders die Erweiterung des pädagogischen Designs in Richtung PTS-Design, für Kooperationsklassen wie auch von dem in den Ruhestand getretenen, aber lange für diese Bereiche verantwortlichen BSI Maitz gefordert, an.

Daran arbeiten alle Schulen, die mit Kooperationsklassen und erschwerten pädagogischen Herausforderungen befasst sind. Hier kann sich die Schule ein PROFIL geben, eine Darstellung der Ressourcen bieten, die in dem Lehrerteam der Schule vorhanden sind. Daraus entwickelt sich AUFBRUCH und INNOVATION für alle Beteiligten im pädagogischen Dreieck: Schüler, Eltern und Lehrer.

Ja, es macht Sinn, diesen Jugendlichen an der Schwelle zum Berufsleben eine weitere Tür zu öffnen, ihnen einen neuen Fächerkanon zur Verfügung zu stellen, der generell auf **BERUFSFINDUNG** und **LEBENSBEWÄLTIGUNG** ausgerichtet ist.

Das pädagogische Design der PTS mit ihrem MIX von Berufs- und Lebensvorbereitung in Theorie und Praxis ist dazu bestens geeignet. Und dies muss auch den Eltern vermittelt werden, denn sie sind Mitwirkende in dieser Auseinandersetzung mit neuen Lerninhalten.

(Das belegt auch die Tatsache, dass wir vereinzelt in der Steiermark in meinem persönlichen Schulumfeld in Fürstenfeld, wo ich diese Schule auch viele Jahre leiten konnte, bereits in den 90er Jahren derartige Anlassfälle hatten.

Schüler waren in den Hauptgegenständen gescheitert, und dadurch weit weg von der Möglichkeit, einen positiven Hauptschulabschluss zu erlangen. Dennoch »verkümmerten« einige Schüler in einem (sinnlosen) Wiederholungsjahr in der Hauptschule, meist mit noch schlechterem Lernerfolg als im Vorjahr.

Als wir begannen, diesen Schülern eine Chance einzuräumen, ihnen wenigstens eine Berufsvorbereitung zu bieten, ihnen in den »neuen Fächern« wie Berufs-, Lebens-, Natur-, Sozial- und Wirtschaftskunde eine neue Motivation zu schenken, klappte es bei einzelnen Schülern durchaus.)

Deshalb ein absolutes **JA zum PTS-Design** generell und für Kooperationsklassen.

Die Crux in den Kooperationsklassen liegt wohl in den Hauptfächern Deutsch, Englisch und Mathematik.

Hier sind persönliche Negativerlebnisse verantwortlich für eine mitunter bis zum Hass des Gegenstandes reichende Ablehnung.

Hier muss angesetzt werden, mit einem völlig – zumindest für die Schüler und Eltern – neuen Strukturmodell.

»A new style of teaching« als Marketing der Kooperationsklassen und in den Klassen, wo erschwerte Zustände auftreten, wäre dabei das Zauberwort.

So lautet zumindest meine **These 5**.

Dazu schlage ich folgenden Maßnahmenkatalog vor, der keinen Anspruch auf Vollständigkeit erhebt. Jede angedachte Art von Innovationen kann hier helfen, die Unterrichtssituation zu verbessern.

Deshalb sollte sich jedes Team vorab einem »brain-storming« stellen und die eigene Arbeit überprüfen bzw. Verbesserungen suchen.

- **LERNZIELORIENTIERUNG**
- **LERNZIELKONTROLLEN**
- **MODULE**
- **OFFENES LERNEN**
- **PROJEKTUNTERRICHT**
- **KURSUNTERRICHT**
- **FORCIERUNG des SOZIALEN LERNENS**

Das sind dabei einige pädagogischen Parameter.
Darüber hinaus muss man die **VISION** und die reelle Chance auf einen Hauptschulabschluss aufleben lassen. Das sollte ein Hauptansatzpunkt sein!

Das Lehrerteam vor Ort, das mit diesen Schülern arbeitet, sollte in pädagogischer Verantwortung in durchaus zu diskutierender Strukturform (Hauptschulabschlusskurs, Externistenprüfung, Einbindung von AMS usw.) diese VISION vermitteln, zu dieser Herausforderung motivieren und letztendlich auch die Umsetzung vollziehen können.

Es würde den Rahmen sprengen, wollte ich jetzt auf die einzelnen Strukturvarianten tiefer eingehen.

Wir Lehrer wissen in unserer Fachsprache, wovon die Rede ist, deshalb lediglich ein Kurzabriss zur Präzisierung:

LERNZIELORIENTIERUNG / LERNZIELKONTROLLE / MODULE

Die Stoffgebiete in den Hauptgegenständen werden lehrplanadäquat für die jeweilige Schulstufe in 10 bis 12 Lernziele (bestimmt durch das jeweilige Lehrerteam) eingeteilt.

Diese Lernziele werden in Kursform in M, D, E vermittelt, das heißt, mindestens zweimal pro Jahr kann man diesen »Spezialkurs zum jeweiligen Lernziel« machen.

Diese Lernziele werden auch in einzelnen Lernzielkontrollen (nach dem Tempo des Schülers, nach seiner Reihung, in kleineren, überschaubaren Sequenzen) abgefragt.

Der Schüler kann nach der Kurseinheit bestimmen, wann er zur Lernzielkontrolle antritt. Einzige Vorgabe: vier Lernzielkontrollen pro Halbjahr pro Gegenstand müssen absolviert werden.

Durch dieses modulartige Lernen wird auch ein hohes Maß an organisatorischer Fähigkeit des Schülers erforderlich, sich selbst zu

organisieren, selbsttätig zu werden. Sich zu »programmieren« ist ein großer Schritt zum Erwachsenwerden.
Letztlich wird ja bei den FESTSTELLUNGSPRÜFUNGEN eine ähnliche Vorgangsweise gewählt. Man forciert die Selbsttätigkeit, toleriert die Absenzen über fast ein Schuljahr und beschränkt sich auf die Feststellung des Leistungsbildes.
Mit einem Wort, da gibt der Gesetzgeber die Chance, ohne Schulbesuch ein Jahr positiv zu beenden, um wie viel mehr müsste er dann Partner bei einem Kurssystem sein.
Denn eines ist unabdingbar dabei, einer Lernzielkontrolle kann sich jemand unterziehen, wenn er eine gewisse Prozentklausel an Anwesenheit im jeweiligen Kurs erfüllt hat. Damit würde man auch das leidige Schwänzen hoffentlich eindämmen können.
Ein rascheres Erreichen eines gesetzten Zieles kann als Motivationsverstärker dienen und wird in der Motivationsforschung ganz oben im Maßnahmenkatalog platziert.
Um nicht allzu theoretisch zu sein, ein **PRAXISBEISPIEL** in Mathematik:
Folgende Lernziele werden definiert (Schwierigkeitsgrad je nach Schulstufe):

LZ 1:	Grundrechnungsarten
LZ 2:	Flächenberechnungen Rechteck, Quadrat
LZ 3:	Rechnen mit Variablen, Gleichungen
LZ 4:	Bruchrechnen
LZ 5:	Körperberechnungen Quader, Würfel
LZ 6:	Prozentrechnungen
LZ 7:	Flächenberechnungen Dreieck, Kreis, Trapez, Vielecke
LZ 8:	Körperberechnungen Zylinder, Kegel, Pyramide, Kugel
LZ 9:	Angewandte Mathematik im Alltag
LZ 10:	Kaufmännisches Rechnen, Wirtschaftsrechnen

Je nach Umfang des Stoffgebietes umfasst ein Kurs 4 – (maximal) 12 Stunden.

Methodik:
OFFENES LERNEN / KURSUNTERRICHT / PROJEKTUN-TERRICHT

Es sollte dabei auf die Stoffvermittlung eine entsprechende Übungsphase erfolgen.

Dazu gibt es Arbeitsblätter (Offenes Lernen), die in Selbsttätigkeit und Eigenverantwortung (auch durch Einbindung von Eltern) die Vorbereitung auf die Lernzielkontrolle ermöglichen.

Zweimal im Jahr erfolgt die Vermittlung des jeweiligen Lernzieles (Kurssystem).

Bei entsprechendem Leistungsbild (»Tempolernen« / »Turbokurse«, mindestens 8 LZ in einem Halbjahr erreicht) könnte dann bei den Absolventen der siebten Schulstufe durchaus ein Hauptschulkurs angeboten werden.

Die pädagogischen Vorteile liegen auf der Hand:

- Wir sprechen von kleinen überschaubaren Lernzielen.
- Diese können rasch zum Erfolg (Motivation) führen.
- Durch das Zweilehrersystem ist eine Effizienzsteigerung (Vortrags- und Übungsphase) gewährleistet.
- Man könnte im Kurssystem sogar parallel laufen und LZ 2 und LZ 5 gleichzeitig anbieten.
- Denkbar wäre es auch die Blöcke rascher zu vermitteln, um sich für einen Hauptschulkurs frei zu spielen.

Die **These 6**

geht jedenfalls davon aus, dass durch die Freiwilligkeit des Arbeitstempos Erfolg in Aussicht gestellt ist: Man könnte im Offenen Lernen sich ein LZ bei entsprechender Schulbesuchsfrequenz als Belohnung auch selbst erarbeiten, was durch das Assistenzlehrersystem absolut möglich ist.

Der Schüler unterliegt weiter bei der Wahl der Lernziele keinen »sichtbaren« Zwängen und ist durch rasche Erfolgserlebnisse (kleine überschaubare Stoffgebiete) ständig motiviert und es könnte das Schulleben allgemein leichter sein.

»Action« im wahrsten Sinne des Wortes, eine moderne Pädagogik, geprägt von Selbsttätigkeit, Freiwilligkeit, Aussicht auf Erfolg, mit einer Vision am Horizont könnte doch ein Ansatz sein, sich einmal mit diesen Gedanken näher zu befassen.

Ich habe in meinem »Lehrerdasein« teilweise so gearbeitet und durchaus zufriedenstellende Erfolge erzielt.
Deshalb, so meine ich in **These 7,**
könnte auch dieser Versuch, in Kooperations- und anderen Klassen so zu arbeiten, durchaus von Erfolg gekrönt sein.
Zu wünschen wäre es uns allen, den Schülern, Lehrern und Eltern und deshalb einen Versuch wert.

FORCIERUNG DES SOZIALEN LERNENS

In den Mittelpunkt einer neuen Perspektive einer Schulreform ist auch das soziale Lernen zu stellen. Es fehlt an SOZIAL-KOMPETENZEN, Schlüsselqualifikationen und die Bringschuld der Schule sind klar beschrieben.

Soziales Lernen definiert sich im Umfeld der Lernpsychologie, auch der Psychologie allgemein, wobei sozialpädagogische und erziehungswissenschaftliche Ziele verfolgt werden. Die Hauptmethodik dazu nutzt **Interaktionsspiele**, die spezielle Charaktertugenden in den Mittelpunkt stellen.

In eine ähnliche Richtung geht der **Projektunterricht**, der die Möglichkeit bietet, ein Thema ganzheitlich, aus verschiedensten Perspektiven zu betrachten und zu hinterfragen. Unter Aufhebung der Stundentafel und unter Nutzung gruppendynamischer Effekte kann auch hier ein Motivationsschub erfolgen, der leichter und schneller zum Ziel führen könnte.

Natürlich weisen diese Vorschläge nicht Exklusivität auf, was heißt, Veränderungen, Verbesserungen, weitere Vorschläge von Kollegen sind nicht nur erwünscht, sondern gefordert.

Es geht aber darum, sich Innovationen zu stellen. Ein weiteres Hinausschieben vernichtet weiterhin viele Möglichkeiten, eine nachhaltige Veränderung herbei zu führen.

Allzu schnell hat man sich mit der (fast flächendeckenden) Einführung der NMS zufriedengegeben und sich schulterklopfend der Öffentlichkeit präsentiert. So stellte jedenfalls die nicht mehr im Amt befindliche Ministerin die NMS als Stein der Weisen, als jenen Reformansatz vor, der Österreich wieder in obere Rankings europaweiter Vergleichsstudien bringen sollte.

Mittlerweile ist Ernüchterung bereits erfolgt, die Ergebnisse zeigen jedenfalls keine gravierenden Verbesserungen auf. Im Gegenteil, die Hauptschule und die NMS dümpeln auf demselben Leistungsniveau herum.

»Mehr Lehrer in die Klassen!«, fordern die Eltern und teilweise die Experten, »eine Individualisierung des Lernens« fast alle Experten und Reformer. »Man müsse der inhomogenen Klassenstruktur mehr Beachtung schenken«, wieder andere sehen in einer »Erweiterung der Fachleute in der Schule« das einzige Lösungspotential: Soziologen, Pädagogen, Psychologen, Psychagogen, Sozialarbeiter, Logopäden, Neurologen und was weiß Gott noch müssten in die Schule, besonders in die Unterrichtsarbeit eingebunden werden und deren Erkenntnisse einfließen.

Immerhin, es sind dies **Reformansätze**, die eine Verbesserung erbrächten, wären sie finanzierbar. Wie schon festgestellt, Österreich pumpt viel Geld in die Bildung. Die Frage ist, ob dieses Geld in die richtigen Bahnen gelenkt und eingebracht wird. Lediglich hohe Personalkosten und ein starres Budget von fast 93% Fixausgaben sind kein Garant für ein tolles Bildungssystem und lassen wahrlich nur kleine Spielräume für Innovationen zu.

Hüten sollte man sich auch vor allzu großer Euphorie, wie dies beim Start der NMS erfolgte und die damals amtierende Ministerin mangels fundierter Erfahrungen im Schulbereich zu nicht gerechtfertigten Lobeshymnen und Prognosen verleitete, die peinlich sind.

Andererseits ist aber auch die Verteufelung der NMS zu vermeiden, was ebenfalls jetzt passiert. Praktisch nach kurzem Umlegen des Schalters von HS in NMS sollen da offenbar Ergebnisse erzielt werden, die es einfach nicht geben kann. Der Zeitfaktor ist ein wesentlicher Begleiter in der Pädagogik. »Führen und wachsen lassen«, so sehen viele Reformpädagogiker den dynamischen Prozess.

10
ZUSAMMENFASSUNG

Ich komme zum Ende meines Buches. Es ist keine Anklage, kein Vorwurf in irgendeine Richtung. Es ist ein subjektiver Versuch, Schule, Schulalltag in einigen wenigen Schulen Wiens aufzuzeigen.

Es ist einfach die Herausforderung, der ich mich zu stellen hatte, die mich so perplex werden ließ, dass ich rasch den Entschluss fasste, nicht schweigend in mich zu gehen, sondern mich zu öffnen und aufzuzeigen, was denn da mancherorts in Wiener Schulen abgeht.

Gleichzeitig wuchs aber auch der Wunsch in mir, diese Arbeit an Wiener Schulen nicht nur einmal näher vorzustellen, sie in den Mittelpunkt zu rücken, sondern auch Reformvorschläge zu präsentieren.

Antrieb war nicht Sensationsgier oder Geltungsdrang, Im Gegenteil: Viele Vorkommnisse gereichen ja nicht unbedingt zu Ruhm, wenn man das so sehen will.

Nein, Antrieb war der Wunsch, tatsächliche Verbesserungen anzubieten und die Reformbewegung aus der Praxis her zu bereichern! Diese Kompetenz beanspruche ich. Antrieb war auch die Würdigung der Lehrerarbeit in Wien, im Ballungszentrum allgemein. Weiters eine authentische Darstellung gegen »Schönrederei« zur Situation in unseren Schulen zu präsentieren.

Verbunden war damit von Anbeginn der Respekt vor den Wiener Kollegen, denen ich dieses Buch auch widme. Ich schätze deren Arbeit überaus und ich bin es aus meiner Sicht meinen Kollegen sozusagen schuldig, als doch Außenstehender, der Vergleichsmöglichkeiten hat, aufzuzeigen, was da tatsächlich abgeht, welche Belastungen anfallen, warum das »Burn out« bei Lehrern um sich greift und wie die Realität in einigen Klassen aussieht.

Hier handelt es sich um ein völlig anderes Lehrerbild, als es oft in Medien dargestellt wird, wo mitunter Lehrer sogar abqualifiziert werden.

Ich wollte aber auch eine deutliche Marke setzen für all jene, die weit entfernt vom Schulalltag immer wieder Versuche starten, die »Schule schön, in Ordnung darzustellen« oder die wahrlich glauben, es sei mit dem Leistungsprofil in unseren Schulen alles in Ordnung und werde jetzt durch das neue Türschild »Neue Mittelschule« noch besser!

Mag sein, dass manche Darstellungen fast den Eindruck von Erfundenem erwecken, von Effekthascherei, Unglaublichem und Übertreibung, einem »Phantasieaufsatz« ähneln, allein, so bedauerlich es ist, ich habe alles festgehalten, belegbar, kann Äußerungen, Taten, Gegebenheiten zuordnen. Und dies, wie schon hingewiesen, in allen drei Schulbereichen bzw. Klassenverbänden in Polytechnischen Schulen, Fachmittelschulen und Kooperationsklassen.

Ich beziehe vieles auf mich, hinterfrage mich kritisch vielleicht auch als Auslöser. Ich habe also den Selbstcheck gewissenhaft und stets durchgeführt und jeden Anlass zu einer Neuüberprüfung meiner Position unternommen. Ich habe aber auch stets über den Tellerrand geschaut und beanspruche deshalb eine gewisse Objektivierung meiner Schilderungen.

Kurz gesagt, ich war und bin kein Einzelfall mit meinen Erlebnissen. Ich sah, wie ein Lehrer geohrfeigt wurde, Lehrer beschimpft, beleidigt, gedemütigt, bedroht wurden, quer durch die Schullandschaft. Ich erlebte, wie Schüler sich nicht mehr einbringen wollten oder konnten, ich hatte mit süchtigen Schülern zu tun, mit kriminellen (wenn man eine Gerichtsverurteilung mit anschließendem mehrmonatigem Gefängnisaufenthalt als Maßstab annehmen darf), mit nicht erzieh- und sozialisierbaren Schülern.

Wie sollte man denn anders Schüler bezeichnen, die von Eltern bereits in Krisenzentren oder Wohngemeinschaften abgegeben wurden und dann letztendlich auch von diesen wieder weiter-, retour gegeben wurden. »Return to sender«, wohin sonst?

Ich habe Schüler unterrichtet bzw. versucht zu unterrichten, die von Eltern, mehreren Therapeuten aufgegeben waren, als nicht therapierbar klassifiziert wurden. Sie waren außer der Norm, mit dem Gesetz in Konflikt, Jugendamt und Sozialarbeiter scheiterten ebenso. Auch darum ging es im Buch.

Wichtig war mir auch deshalb, die Kluft zwischen Darstellung und Erwartungshaltung der Öffentlichkeit (den so genannten übergeordneten Stellen) und der Realität einmal aufzuzeigen, was tatsächlich passiert in einigen Schulstuben, wie weit weg das System sich befindet und eher kapituliert als zu kämpfen bzw. zu verändern versucht.

Zwar wird viel über die Schule gesprochen und geschrieben, sie wird vielerorts zum Feindbild für Eltern, Schüler, Gesellschaftsgruppen verschiedenster Bereiche. Es regnet Ratschläge, »Kochrezepte«, politische Gefälligkeitsäußerungen. Selbsternannte Experten der Pädagogik, auch wenn sie andere Fachrichtungen studiert haben und mehr zum Schulrecht oder anderen Randthemen der Erziehungswissenschaften kompetente Äußerungen machen könnten, werden zum Guru.

Die wissenschaftliche Disziplin der Pädagogik, das, was sich Lehrer in einem Studium aneignen, was sie tagtäglich im Berufsleben dann abrufen müssen, um zu bestehen, das wird in einer maßlosen Selbstüberschätzung von vielen, die lesen und schreiben können, als ausreichend erachtet, sich im wahrsten Sinne des Wortes in die Komplexität von Unterricht und Erziehung einzumischen. Die eigene Schulzeit kann eine Ausgangsbasis sein, nicht jedoch das Rüstzeug und Fundament für Schulreformen und Innovationen.

Schließlich war man ja selbst einmal vor 20, 30, 40 Jahren in der Schule und deshalb meinen wohl viele, dies sei Rüstzeug für eine fundierte Analyse oder zumindest für eine harsche Kritik an der Schule und ihren Lehrern. Das wäre eine fatale, späte Rache an der Schule.

Alles fließt, alles ist dynamisch, auch in der Erziehungswissenschaft und der Unterrichtslehre. Deshalb können Verallgemeinerungen, unqualifizierte Angriffe, immer wiederkehrende Seitenhiebe auf Urlaubsmodelle der Lehrer, Stundenmodelle als keine positiven Beiträge für Verbesserungen angesehen werden.

Andererseits müssen Lehrer und ihre Vertreter aber auch das Gespür für Innovationen, notwendige Reorganisationen aufbringen und sich vom Bild des Beharrens an Traditionen befreien.

Es geht nicht an zu fordern, man solle Lehrer in Ruhe arbeiten lassen, ohne sich dabei auch neuen Ideen, Erkenntnissen zu stellen und zu nähern.

Hilfe von außen sollte gerne angenommen werden, wenn sie ehrlich, konstruktiv, sinnvoll und im europäischen Kontext vergleichbar schon erfolgreich angewandt wurde. Man muss die Öffnung der Schule zulassen und forcieren, das Gesamtpaket, wie es jetzt bei dem neuen Dienstrecht gesehen wird, sehen und diskutieren.

Dazu muss man auch die Eltern »ins Gebet« nehmen, viele finanzieren heute ihre Kinder, erziehen sie aber nicht mehr. Aus

Angst, die Liebe der Kinder zu verlieren, geben Eltern allzu oft zu schnell nach. Sie setzen keine Konsequenzen, geben dadurch dem Kind keine Chance, Konflikte über Argumente auszutragen. Es gibt sie, die Erziehungsfehler, viele Pädagogen sprechen sogar von immer wiederkehrenden häufigsten Erziehungsfehlern. Dabei sind Lehrer dann machtlos, zu sehr ist das Kind bereits geprägt.

Verhaltensauffälligkeiten haben viele Ursachen, Frust, Angst, Unter- und Überforderung, sprachliche Barrieren können dabei Auslöser sein. Es ist also ein Mix von Fehlern bzw. Auslösern von Elternhaus und Schule, der eventuell zum Schulversagen führt. Deshalb müssen Eltern und Lehrer gemeinsam ins Boot und sich als Verbündete und nicht Verfeindete sehen.

Niemandem würde es einfallen, so hoffe ich noch immer, sich in den Berufsalltag von Ärzten, Richtern, Piloten, Krankenschwestern, Technikern, Lokführern, Bäckern, Mechanikern, Forschern, Chemikern, Physikern, Anwälten »einzumischen«, sich mit entbehrlichen Äußerungen in den Vordergrund zu spielen, subjektive Stellung zu beziehen, Kritiken auszuteilen, allein in der Schule ist das gang und gäbe.

Diese Kultur muss sich ändern, daran ist aus meiner Sicht von allen Beteiligten zu arbeiten.

Der **Ruf nach Schulreform** ist fast tagtäglich in den Medien zu finden, angeblich gibt es Reformpläne fertig in (welchen?) Schubladen. Es ist ein Dauerbrenner vieler Jahre und vieler Regierungserklärungen, vieler Unterrichts- und Bildungsminister. Man kann nur hoffen und sich wünschen, dass doch irgendwann ein gemeinsamer Aufbruch, über alle Parteiinteressen und Lager hinweg, erfolgen wird.

Vielleicht erbringt das von Hannes Androsch und Co. initiierte Volksbegehren irgendwann den ersehnten Durchbruch. Nach den bisherigen vorliegenden Ergebnissen und Reaktionen aus dem Parlament muss man jedoch auch dies als gescheitert ansehen.

Wenn dann aber ein Vorstoß an die Öffentlichkeit dringt, wird er vorerst heftigst von vielen Seiten bekämpft. Dies fiel mir unlängst wieder besonders auf, als der vormalige Staatssekretär und jetzige Außenminister Kurz öffentlich eine Veränderung der Schulpflicht in eine Bildungspflicht andachte. Er meinte, es seien Bildungsstandards zu definieren, die erreicht werden müssten, selbst wenn sich die Ausbildungszeit bis zum 18. Lebensjahr zöge. Eine Ausbildung ist dann mit einem Leistungsnachweis verbunden und nicht mit einem Zeitablauf definiert.

Diese Überlegungen waren keinen Tag alt, als es sofort zwei Lager gab und heftigste Angriffe gegen diese Überlegungen geschrieben wurden. Die *Kleine Zeitung* titelte in diesen Tagen im August 2013 »Armutszeugnis für die Schulpolitik« und ließ Leser zu Wort kommen, die größtenteils negativ gegenüber diesen Plänen eingestellt sind.

Ein Problem mag wohl auch sein, dass es wenige interne Experten gibt bzw. diese sich nicht artikulieren (wollen) und die »Einsager und Flüsterer« von außen sind teilweise wirklich entbehrlich und manchmal sogar unqualifiziert. So dümpelt die geforderte Bildungsreform lediglich im Ansatz, im Wunschdenken dahin. Ergebnisse zeigen sich bislang nicht.

Auch die »Neue Mittelschule«, in der einige einen bahnbrechenden Lösungsansatz sehen, birgt nicht den Anspruch auf eine Schulreform in sich. Zwar gibt es moderneres pädagogisches Design, aber hier geht es zuerst um eine konkrete, gewollte (versteckte?) Einführung einer Gesamtschule der 10- bis 14-Jährigen, weiter um eine Problembewältigung im Ballungszentrum, die entleerten Hauptschulen im Verbund eines Zweilehrersystems und mittelschulähnlicher Bedingungen (oft ist ein Lehrer aus dem AHS Bereich) attraktiver zu machen und zu füllen. Mit der Neuen Mittelschule könnten wir vielleicht auch einen Weltmeistertitel loswerden, nämlich den des Landes mit der höchsten Dropoutrate der 16-Jährigen weltweit. Ob das gelingt, kann erst die Zukunft weisen.

Erste Evaluierungen jedenfalls lassen nicht große Zuversicht zu. Die NMS zeige kaum ein besseres Niveau als die Hauptschule, koste sehr viel und man müsse nach den Vorstellungen von Bildungsexperten Salcher einen Vollstopp machen und eine Wirtschaftsanalyse, eine Berechnung der Wirtschaftlichkeit durchführen, ob die Sinnhaftigkeit einer Fortsetzung gegeben sei. Anders sieht dies die amtierende Unterrichtsministerin und sie mauert und redet die NMS schön. Man lobt die NMS weiter hoch, auch wenn klar belegt ist, dass das Zweilehrersystem, im ursprünglichen Sinn definiert als Paar aus dem Pflichtschul- und dem AHS-Bereich, nicht klappt, da schlichtweg AHS-Lehrer für das Teamteaching nicht zur Verfügung stehen oder stehen wollen.

Falsch verstandene Schulwahlpolitik der Eltern, zu spät angesetzte Selektion der BHS und AHS, nämlich nach dem Ende der Schulpflicht, mangelnde Reformwilligkeit, nachhaltige Veränderungswünsche fehlen und führen zu diesem Faktum.

Es ist eine »Milchmädchenrechnung«, wenn einzelne AHS mit 6 bis 8 Parallelklassen im ersten Jahrgang starten und dann in der sechsten Stufe ausgedünnte Schülerzahlen in zwei verbliebenen Klassen ausweisen. Da ist die NMS wenigstens schon ein bisschen treffsicherer.

Erste Abgänger aus diesen neuen Mittelschulen erreichten zu ca. 53% eine AHS-Reife, was zum Besuch einer Oberstufenform berechtigt. Es ist allerdings zu hinterfragen, ob dies Eltern und Schülern (immerhin 47% erreichten das Ziel nicht) generell bewusst war und dass sie eventuell als weiterführende Schule lediglich eine Polytechnische Schule zur Auswahl haben.

Eine **grundlegende Reform** muss sich wohl tiefer einbringen. Etwa, wie kommen wir in Österreich zu **individualisiertem Lernen**, zu mehr **Schulautonomie**, zu einer **Lehrplanentrümpelung** und welche Modelle sind geeignet, den Schüler ganztägig optimiert zu betreuen und Lernzuwächse zu erbringen. »**Schüler als Beruf**« steht da im Hinterkopf, man verlässt das Haus, lernt, arbeitet, chillt, sportelt tagsüber in der Schule und kommt gegen Abend heim in den Familienverband.

Dem sind dann keine Aufgaben von Schülerbegleitung mehr auferlegt, man kann Familie sein und den Abend dann in einer völlig neuen qualitativen Freizeit genießen. Derartige Visionen sind durchaus zulässig, werden sie doch schon teilweise umgesetzt.

Vorsichtigere Interpretationen einer **Ganztagsschule** haben eine Variante gefunden, die vielen gefällt und auch das Elternhaus in die Schulleistungen des Kindes einbindet. Sogenannte Projektaufgaben ergänzen den Lehrstoff und können in Selbsttätigkeit zuhause erfüllt werden und fließen dann in Form von Bonuspunkten in die Leistung ein. Der Vorteil, der Schüler muss außerhalb der Schule und den Lehrern sich einem Problemfeld stellen, sich organisieren und zeigen, ob er in der Lage ist, Vernetzungen von Stoffgebieten vorzunehmen und anzuwenden. Ziel ist dabei wirklich die Selbsttätigkeit des Schülers und nicht eine Verlagerung der Schule in den Verantwortungsbereich der Familie!

Eine derartige Reform muss sich auch des modernen pädagogischen Designs und aktueller pädagogischer Erkenntnisse befleißigen und in manchen Fällen komplett umdenken, ja fast revolutionär agieren.

Eine aus meiner Sicht nachhaltige Veränderung beinhaltet eine **Lehrplanreform** ebenso wie ein **neues Dienstrecht, neue Strukturen** und **Organisationsformen**, die **Verabschiedung des derzeitigen Fächerkanons** und **Konzentration auf vernetzte Sichtweisen**. Dazu kommen **Ausbildungsreformen** und **neue rechtliche Parameter im Schulrecht**.

Wer macht den ersten Schritt? Wer traut sich an eine derartige wirkliche innere Reform heran? Vor allem, wer bringt die »Politik« ins Rollen, hat so viel Durchsetzungsvermögen über Parteiinteressen hinweg?

Ich habe schon mehrmals von der Resignation im Schulbereich und seinem Umfeld gesprochen. Diese um sich greifende, sich ausbreitende **Resignation** war für mich ein »Schlüsselerlebnis« in diesen letzten fünf Jahren.

Ich konnte es nicht glauben, nicht fassen, mich damit überhaupt nicht abfinden. Für mich artete diese Resignation, diese **Ohnmacht** teilweise in **Fatalismus** aus. Schicksalergeben fügen wir uns, »es war immer so, es war immer so, es wird (muss wohl) so bleiben«.

Ich stehe jetzt noch teilweise unter »Schock und Ungläubigkeit« (und manchmal in ohnmächtiger Wut), denn man kann in diesem Land, das wohlfunktionierende Systeme aufweist, im schulischen Bereich fast alles tun, was man zumindest dem Gesetz nach nicht tun dürfte.

Man kann zum Beispiel einfach aussteigen, aus einer Schulpflicht, man meldet sich sozusagen vom System ab und der Staat, die Gesellschaft kapituliert. Man lebt dann als »schulisches U-Boot«, ist nicht erfasst. Man kann in diesen Fällen fast von Anarchie sprechen.

Ich kann in den letzten fünf Jahren auf mehrere (an die zehn) Fälle verweisen, wo einfach die Schulpflicht nicht erfüllt wurde und es keine Konsequenzen gab. Nicht nur dass die Schulpflicht expressis verbis nicht erfüllt wurde, sondern auch der Leistungsstand der Schüler entsprach keineswegs den Vorgaben des österreichischen Lehrplanes für die entsprechenden Klassen. Wie auch? Mit einem Wort, diese Schüler hatten wegen ständiger Absenz keinen Unterricht und haben den Ausbildungslevel, den 15-jährige Schüler aufweisen sollten, dadurch ebenfalls nicht erreicht.

Das immer wieder eingeforderte Repertoire der Grundkompetenzen von Lesen, Schreiben und Rechnen ist schlichtweg nicht vorhanden, ja nicht einmal im Ansatz erkennbar.

Wie sensibel dieser Bereich »Schule« ist, habe ich schon aufgezeigt, und es beweist auch die Tatsache, dass einen Tag nach öffentlich gemachten Reformvorschlägen bereits »Gegenwind« aus allen Richtungen, besonders von den Oppositionsparteien auftritt und man sofort die gesamte Diskussion für entbehrlich und unnötig hält. So manipuliert man die öffentliche Meinung.

Meines Erachtens machen wir uns aber auch im Umkehrfall schuldig. Wie nehmen eine Unzahl von Schülern im 10. Schuljahr auf, in ein freiwilliges 10. Schuljahr, und schauen zu, was da passiert. Die Antwort ist kurz und bündig: »Nichts bis wenig«.

Diese Schüler sind vorher schon gescheitert, wir verlängern das Schlaraffenland weiter. In den seltensten Fällen nützen Schüler dieses Jahr, der Großteil nicht.

Mindestens 75% dieser Schüler scheitern komplett, der Rest kommt mit Ach und Krach zu einem positiven Abschluss und kann dennoch nichts davon, was die Arbeitsprofile bei einem Berufseinstieg betrifft, abrufen.

Es werden keine Konsequenzen gezogen, ein frühzeitiger Schulausschluss muss mit den Eltern koordiniert werden und die stellen sich natürlich taub. Sie haben lediglich Vorteile, beziehen weiter die Kinderbeihilfe, sonnen sich im Glauben, einen Schüler zu haben, der jetzt den letzten Schliff für die Berufswelt erhält, und haben keinen Blick in den Spiegel der Realität, die da wohl lautet: »Unvermittelbar, noch immer nicht für den Berufseinstieg geeignet.«

Man sucht weiter, macht weiter! Irgendeine Schule findet sich und es verwundert nicht und ist von mir belegbar, dass gerade die weniger tüchtigen bzw. guten Schüler dann plötzlich in Schullisten aufscheinen, wo einem jedwede Erklärung fehlt.

Es ist kein Trost, dass dann nach wenigen Monaten oft die Reißleine gezogen wird und man dann vor der Realität steht: 16, 17 Jahre alt und keinen Abschluss, keine Fertigkeiten, wenig Kenntnisse und vor allem, das ist wohl ausschlaggebend, keine Arbeitshaltung, keinen Biss, keine Motivation, kein Benehmen und keine Sozialkompetenz. Entsteht da unter unseren Augen und mit unserem Mittun ein künftiges Proletariat? Wir schauen einfach weg, klaren Blickes für das kommende Ergebnis, alle gemeinsam, oft achselzuckend, aber offensichtlich hilflos. Oder haben verschiedene Gesellschaftsbereiche verschiedene Wertigkeiten?

Tausende Stunden werden da in Wien »gestangelt«, wir züchten dabei ein ungebildetes Proletariat heran, das uns allen auf den Kopf fällt! Ich kenne mindestens fünf Exschüler (wahrscheinlich sind es viel mehr), die Jahre nach dem Schulabschluss arbeitslos sind, keine österreichische Staatsbürgerschaft besitzen, Vater geworden sind und deren Partnerinnen als Mütter dieser Kinder ebenfalls ohne Schulabschluss, ohne Arbeit und ohne Perspektive dastehen.

Diese Jugend, die hier konkret angesprochen und gemeint ist, ist weder lern- noch leistungsbereit! Sie ist ohne Perspektive, ohne Bildung, mit 14 gescheitert, der Blick in die Realität wird teilweise durch weitere Schulinskriptionen verzögert. Teilweise völlig ungeeignete, demotivierte, überforderte Schüler sitzen »Fachschulen« ab. Die Eltern sind beruhigt, aber in Wirklichkeit ist die Unvermittelbarkeit von 15-, 16-Jährigen lediglich auf zwei Jahre später verschoben!

Dabei handelt es sich offensichtlich um ein internationales Phänomen. Auch Deutschland und Frankreich diskutieren dieses Thema mit großer Nachhaltigkeit. Man sieht das deutsche Bildungsniveau gefährdet. Manche »Frontkämpfer« (wenn wir uns Sarrazins Buch näher anschauen und intensiver damit befassen) sprechen sogar von einer »Verdummung Deutschlands« durch die Migrations-Problematik.

Eltern könnten ihren Kindern bei der Bewältigung von Schulaufgaben durch Sprachbarrieren nicht helfen. Dadurch nivelliere sich das Anspruchsniveau nach unten. Offensichtlich komme man dann zur Ansicht, was man selbst nicht kann, das könne man auch seinen Kindern nicht abverlangen.

Diese Art Nivellierung nach unten sei eine »Qualitätsvernichtung« im Bildungsbereich. Eingemahnt und gesagt wurde dies allerdings unter vorgehaltener Hand. An der Wahrheit ist man offensichtlich nicht interessiert. Ja im Gegenteil, man will die Wahrheit wohl knebeln, nicht wahrhaben, denn anders ist es nicht zu verstehen, wenn der Chefredakteur von *FOCUS* im Heft Nr. 28 vom Juli 2010 schreibt: »Ärger, weil einer die Wahrheit sagt«!

Man müsse sich auf einen seltsamen Prozess vorbereiten, schreibt er in einem Artikel, einen Prozess, in dem es darum geht, ob es strafbar ist, wenn jemand die Wahrheit sagt.

Thilo Sarrazin, früherer Finanzsenator von Berlin, soll sich nämlich wegen seiner Hypothese, »die Deutschen würden immer dümmer, weil viele Menschen aus bildungsfernen Schichten bei uns einwandern«, einer Anklage eines türkischen Mitbürgers stellen müssen, wenn das Gericht sich dem Kläger anschließt.

Diese Behauptung sei aber belegbar, Familien, in denen bereits die Eltern Sprachschwierigkeiten haben, liegen unter dem Bildungsdurchschnitt. Entsprechend höher seien in diesen Fällen die Chancen auf ein Hartz IV-Schicksal. In der Schweiz hingegen sei der genaue Umkehrschluss festzustellen. »Die Schweiz werde immer gescheiter«, weil man sich Spitzenleute als Migranten ins Land holt, denen man Intelligenztests abverlangt und somit massive Vorteile für das Land erziele, titelt derselbe Bericht im *FOCUS* im Juli 2010.

»Klassische Einwanderungsländer wie Kanada legen es sogar systematisch darauf an, sprachlich sichere und gut ausgebildete Menschen in ihr Land zu holen.«

Ähnlich agiert jetzt auch Österreich, wenn man sich spanische, griechische Eliten ins Land holt, um dem Facharbeiter- und auch Akademikermangel Herr zu werden. Es liegt auf der Hand, dass diese Eliten das Problem verstärken werden. Der Gap zwischen Gebildeten und nicht Ausgebildeten wächst und verschärft die Situation wesentlich. Es ist sozusagen vorprogrammiert, dass soziale Konflikte, Abtauchen in eine irreale Welt, in eine vielleicht kriminelle Welt am Horizont bereits erkennbar sind.

Diese allgemeinen Probleme und Schulsituationen sind also international vergleichbar. Viele EU-Länder klagen über ähnliche Verhältnisse und suchen nach Lösungen.

In Deutschland hilft die Polizei bereits mit, Schulschwänzer dingfest zu machen und sie zur Schule zu bringen. Aufhorchen ließ auch ein Vorschlag der neuen ungarischen Regierung, die Schulbesuch und Schulleistungen an gewisse soziale Leistungen andocken möchte.

Ein Ansatz, den auch Salzburgs verflossene Landeshauptfrau propagierte, der mir ebenfalls gefiele, denn das konnte man bislang feststellen, wenn Kinder- oder Familienbeihilfe in Gefahr sind, dann werden Schüler und Eltern hellwach und sie werden rührig. Plötzlich wissen sie, wo die Schule ist, wann Unterricht ist, aber der Ausstieg ist vorprogrammiert.

Eben nur kurzfristig ist der Schulbesuch, bis die Zulagen und Beihilfen wieder fließen, dann verschwinden diese Schüler erneut und sind im selben Fahrwasser wie vorher.

In Österreich könnte bei einer Anzeige wegen Schulschwänzens die Familienbeihilfe »eingefroren werden«, dann herrscht Feuer am Dach.

Nicht durchführbar, sozial unmenschlich hört man. Und dennoch sehen wir, die wir arbeiten, zu, wie in diesem Land eine immer größer werdende Gruppe heranwächst, die den Einstieg in ein Berufsleben kaum oder nur sehr schwer schaffen wird und demnach irgendwann in unseren Sozialtöpfen ihr Auslangen suchen wird müssen.

Arm und Reich driften in Österreich immer mehr und mehr auseinander, viele Menschen bewegen sich am Rande der Armutsgrenze und diese Entwicklung ungebildeter, nicht vermittelbarer Jugendlicher vergrößert diese Problematik.

Ich sehe diesen Problemkreis der Unvermittelbarkeit dieser Schüler ins Arbeitsleben aber noch in einem größeren Kontext. Diese Schüler wissen genau, dass sie keine Lehrstelle bekommen, schon gar nicht die, die sie in einer unglaublichen Selbstüberschätzung anstreben. »Zahnarzthelferin, KFZ-Mechaniker, IT-Bereich« und ähnliche hochqualifizierte Berufe, wenn nicht sogar Akademikerberufe schweben da in den Köpfen herum und dazu noch mit einer Dichte, die unglaublich ist. Von 10 Schülern wollen mindestens 7, also 70% KFZ-Mechaniker werden, die Flexibilität, in breiteren Berufsfeldern zu denken, fehlt.

Weil sie wissen, dass sie gescheitert sind, keine Lehrstelle erhalten, tauchen sie ab in die »Verschulung«. Das ist die Lösung, man braucht sich nicht der Realität zu stellen, man geht weiter in eine Schule. Und viele Schulen spielen unerklärlicher Weise mit.

Diese Verschulung greift ja, wie dargestellt, schon im Pflichtschul-bereich, es gibt nämlich unglaublich viele Schüler im 10. Schuljahr, ja sogar schon im 11. Schuljahr.

Den Eltern ist offensichtlich alles recht, nur nicht auf der Straße soll verständlicherweise das Kind sein, die Kinderbeihilfe soll mög-lichst lang weiter fließen und den Blick in die Realität muss man ebenfalls nicht machen. Ich wage zu behaupten, dass Österreichs Zahlen mit geringer Jugendarbeitslosigkeit auch damit zu tun ha-ben! Diese Jugendlichen scheinen in keiner Statistik auf, sie sind ja Schüler.

Dann, nach dem unabwendbaren Scheitern, geht es in das AMS. Dort werden dann Bewerbungsschreiben losgelassen, mehrere na-türlich. Allein, sehr oft stellt sich dann auch hier die Unvermittel-barkeit heraus und es beginnt das soziale Hilfsprogramm für die »bis zum Geht-nicht-mehr« verschulten Jugendlichen.

Sie sind arbeitslos, offensichtlich nicht integrierbar, aber in keiner Arbeitslosenstatistik.

Ungarn und Frankreich arbeiten ebenfalls mit neuen Gesetzen zu Schulschwänzern, aber effizienter, wie mir scheint: Eine klare Posi-tionierung der Verwaltung, eine Art Diktion, eine »conditio sine qua non« steht dabei im Raum: keine Bildung bzw. kein Schulbe-such, dann gibt es keine Kinderbeihilfe, keine sozialen Leistungen.

Dieses Problem der Schulschwänzer ist da und muss bewältigt wer-den. Man beansprucht in diesen Familien der Schulschwänzer zwar alle staatlichen, gesellschaftlichen Boni, fordert sie als selbstver-ständlich ein und ist nicht einen Zentimeter bereit, seinerseits sei-nen Pflichtenkatalog zu erfüllen. Zu diesem Pflichtenkatalog zählt nun mal die Schule bzw. die Schulpflicht.

Es sollte ein Angebot sein, sich bestmöglich und höchstmöglich zu bilden, allein häufig geht es ins genaue Gegenteil.

Mag sein, dass auch soziale Abfederungen den Gescheiterten An-reiz bringen, warum anstrengen, wenn es so auch geht? Einige ge-ben sich offensichtlich mit unseren Sozialleistungen zufrieden. Ein bisschen Schwarzarbeit, ein bisschen Handeln und die staatlichen Sozialleistungen, so sehen das nicht wenige Schüler. Es wird ihnen ja schon teilweise von den Eltern vorgelebt, wie ich bei mehreren Schülern in Erfahrung bringen konnte.

Als ein Kollege einmal einem mittlerweile österreichischen Dauer-schwänzer, vormals aus dem Orient, vorhielt, er werde sich wohl so nicht in unser Land integrieren können, meinte dieser:

»Was soll das, Mann? Was haben Sie gegen Ausländer, Oida? Sind Sie Rassist? Integrieren? Soldat werden müssen? Was hab ich davon? Das will ich gar nicht, ich werde hier leben, ich bekomme Geld, ich habe ein Recht auf Geld und hier zu sein, alles andere interessiert mich nicht. Österreich geht mir am Arsch vorbei! Lauter Nazis!«

Kann man es ausdrucksvoller und präziser darstellen?

Österreich bemüht sich in diesen Bereichen außerordentlich, Integration wurde durch INKLUSION ersetzt und es werden ständig neue Parameter entworfen, die als Anreiz für Menschen dienen sollen, die sich in Österreich niederlassen wollen und ihren Lebensmittelpunkt da sehen.

Selbst die vorübergehende Einführung eines damit befassten Staatssekretärs wird dabei immer wieder positiv beurteilt, dennoch bei den »Kunden« fällt das mitunter nicht auf fruchtbaren Boden.

Aber zurück zur vorhin angesprochenen Resignation.

Die Erfüllung der Schulpflicht ist nicht immer oberste Maxime in Österreich. Man kann sie umgehen, man kann das zur Anzeige bringen, dennoch bleibt Erfolglosigkeit am Ende übrig. Einmal erhielten wir (meine Klassen führende Kollegin und ich) die Mitteilung eines Jugendamtes in Wien, das von uns zu Hilfe gerufen worden war, einen notorischen Schulschwänzer, den wir im gesamten Schuljahr (genau zehn Monate) nie im Unterricht gesehen bzw. kennen gelernt hatten, zu disziplinieren. Wir forderten die dafür gesetzlichen Maßnahmen ein.

Man habe den »Akt« wegen Erfolglosigkeit geschlossen, das war die lapidare Antwort der Jugendbehörde.

Zwar wurden immer wieder Anzeigen gemacht, letztendlich auch Geldstrafen ausgesprochen, allein sie konnten nie eingebracht werden. Da beißt sich die Katze in den eigenen Schwanz und irgendwann kommt dann die Erkenntnis, so hat das keinen Sinn.

Angeblich soll die vom Jugendamt ausgesprochene Strafe dann wegen Uneinbringbarkeit von einer anderen öffentlichen Stelle einbezahlt werden und man hat zumindest in der Statistik eine Erfolgsquote auszuweisen. Wir zahlen mit Steuergeld die von Behörden eingeforderten Strafen, kaum zu glauben, wenn es wahr ist.

Derartige Beispiele, wo Schüler sich von der Schulpflicht verabschieden, gibt es zahlreiche. Je nach gesellschaftlichen Ansprüchen variiert die Vollziehung der Schulpflicht gewaltig. In Österreich, zumindest in Wien, leben wir mit diesem Phänomen.

Ob Schulbesuch oder nicht, wenn die Zeit um ist, endet die Schulpflicht, egal, welches »Vorleben« vorhanden war.

Mit anderen Worten, die sind ausgeschult, ohne Wenn und Aber an Sanktionen!

Es bleibt abzuwarten, was das neue Gesetz mit der Verdoppelung der Strafe für Schulschwänzer erbringt. Zwar gehen der Strafe eine Reihe von verpflichtenden Maßnahmen und begleitenden Gesprächen voraus, allein, das hatten wir und haben wir auch bislang. Es bleibt abzuwarten, was dieser nunmehr eingeforderte und zur Durchführung bestimmte Vierstufenplan bringen wird.

Selbst innerparteilich gibt es dabei offensichtlich verschiedene Positionen, denn die eben erst zurückgetretene Unterrichtsministerin sah darin keine Lösung und eine zu harte Maßnahme.

Alljährlich werden da in unseren Schulen zu Schulbeginn Vereinbarungen niedergeschrieben, erläutert, besprochen, es wird mit den Eltern (sofern dies überhaupt möglich ist) diskutiert und von diesen dann die Vereinbarungen unterschrieben.

Das Ergebnis ist bekannt, es ist oftmals »Schall und Rauch«, jedenfalls weit weg von den Vereinbarungen. Nun sollen diese Gespräche eine Trendwende erbringen? Ich zweifle, lasse mich aber gerne eines Besseren belehren.

Sehr oft sind es auch die Eltern, die im pädagogischen Dreieck nicht zu fassen sind. Ich behaupte, ohne es ganz genau verifiziert zu haben, dass ich lediglich 25% der Eltern von Schülern in den letzten fünf Jahren gesehen und kennengelernt habe.

Selbst auf Einladungen zu gemeinsamer Bewältigung von Problemen wurde oft nicht reagiert. Manchmal mag es wohl die Sprachbarriere gewesen sein, denn selbst Eltern von mittlerweile »österreichischen Passkindern« verstehen oft kaum Deutsch. Nicht dass man diesen Eltern Bemühen absprechen kann, es scheitert an der Kommunikationsfähigkeit. Es wird von Generation zu Generation besser werden, diese Hoffnung ist durchaus berechtigt.

Nicht nur dass Eltern und Schüler eine grobe Verletzung eines Gesetzes, das seit Maria Theresia umgesetzt wird, vollziehen, es geht um weit mehr.

Denn die unzähligen Fehlstunden bedeuten ja auch eine Minimierung des Leistungsstandards, das heißt, diese Schüler weisen in vielen Gegenständen große Lücken auf. Sie haben also eigentlich weder die Schulpflicht erfüllt, weil sie nicht anwesend waren, und andererseits stehen sie im Leistungsprofil weit unter den Normen, die man von einem Schüler erwartet, der seine Schullaufbahn beendet hat.

Sie haben Bildungsdefizite, Bildungslöcher, die eine Vermittelbarkeit in die Arbeitswelt nie und nimmer erlauben. Leider sind dies oftmals Jugendliche mit Migrations-Hintergrund, die eigentlich in unser Land integriert werden sollten. Immer wieder wiederholen sich Hinweise, wie in der *Krone* im August 2013, dass speziell Jugendliche mit Migrations-Hintergrund häufiger Schulabbrecher sind, in die Arbeitswelt nicht vermittelbar sind.

Mangels einer grundlegenden Systemreform, eines totalen Umdenkens resigniert man und wendet sich anderen Bereichen zu, wo eventuell größere, bessere Erfolgsaussichten zu erwarten sind. Aber wo und welche denn?

Es fehlt und mangelt an vielem, bei vielen Schülern in unseren Schulen!

Primärkompetenzen wie Fleiß, Pünktlichkeit, Disziplin, Zuverlässigkeit – wohl jene Eigenschaften, die vom Elternhaus vermittelt werden sollten – fehlen. Kurzum, ein Erziehungsmanko ist absolut bei vielen dieser Schüler vorhanden. Nicht immer mag dabei der Schüler für dieses Fehlen verantwortlich sein.

Andere Beispiele: Unvermögen wird mit Frechheit, Beleidigungen, Angriffen und Aggressivität gegenüber Lehrern kaschiert. Das Credo der Chancengleichheit wackelt erheblich, auch wenn Unterscheidungen – was eigentlich nicht passieren dürfte und sollte – in »faul und fleißig, dumm und schlau« zwar mitunter gemacht werden.

Das ist aber komplett der falsche Ansatz und unerwünscht. Mit einem Wort, es gibt eben Unterschiede im Leistungsprofil von Schülern. Wenn ein Lehrer diese aufzeigt, dann kommt es nicht selten zu heftigen Eskalationen:

> »Sind Sie ›Strache Anhänger‹, was haben Sie gegen Ausländer, Österreicher würden Sie sicher besser benoten, die können alles machen, bei uns werden Sie gleich laut!«

Solche Angriffe sind an der Tagesordnung. Jedes Fehlverhalten, jeder Mangel an Leistung des Schülers wird sofort als Angriff des Lehrers auf den Schüler gesehen.

»Dieses Klavier« spielen einzelne Schüler permanent und unwissende, unkritische Eltern steigen darauf ein. Sie sehen sich und ihre Kinder verfolgt, ungerecht behandelt, verkannt und unter dem Wert beurteilt.

Ich zeigte eine Vielzahl von Fällen auf, wo unser aller Ohnmacht, die der Gesetzgeber, des Ministeriums, der Direktion, des Bezirksschulrates, der Lehrer, der Jugendämter, sehr oft auch von Eltern, wenn sie das Verhalten ihrer Kinder nicht unterstützen wollten, sozusagen dokumentiert wird.

Eine Generalisierung der von mir geschilderten Vorfälle ist dennoch nicht zulässig, denn es gibt auch durchaus viele akzeptierte Lehrer. Aus welchen Gründen auch immer werden sie meine Darstellungen vielleicht überraschen und für sie nicht zutreffen. Aber es gibt zweifelsohne auch viele Kollegen, für die viele meiner Schilderungen zutreffen.

Dennoch, manche Auswüchse wie das Schulschwänzen, die Gewaltbereitschaft, die Minimierung der Leistungsstandards, das üble Benehmen, Taktlosigkeiten, Distanzlosigkeit, das Fehlen einer Wertehaltung und das gemeinsame Wegschauen vieler Beteiligten zieht sich wie ein roter Faden durch Wiens Schulen mit Pflichtschülern.

Mag sein, dass es in den Höheren Schulen besser ist, es wäre zu wünschen, dass dort die Motivation Sieger geblieben ist. Ein Ansatz einer Erklärung dazu ist auch das verbesserte Engagement der Eltern am Werdegang ihrer Sprösslinge in Höheren Schulen. Es gibt dazu ja auch zahlreiche Studien, die belegen, dass Kinder aus sogenanntem »höheren Haus« auch eine höhere Schulbildung anstreben. Es dürfte hier schon ein kausaler Zusammenhang bestehen.

Irgendwie passen verschiedene Kulturkreise nicht zusammen, wenn die Bereitschaft einer gegenseitigen Respektierung und Toleranz nicht besteht. Wenn es nicht gelingt, einen Aufbau von Dialog und Verständnis und Miteinander zu bewirken.

Diese Feststellung muss erlaubt sein, ohne dass deshalb Schuldzuweisungen oder Herabsetzungen irgendeines Kulturkreises erfolgen.

Ein Beispiel verdeutlicht: In einer Schule erkrankt ein türkisches Mädchen und gesetzes- und regelkonform wird die Mutter verständigt und gebeten, das Mädchen abzuholen. Es erscheint ein polizeibekannter, arbeitsloser junger Bruder des Mädchens und will die Schwester abholen. Die Lehrerin »verweigert« die Übergabe und fordert die Anwesenheit der Mutter ein, worauf der Jugendliche durchdreht, ausrastet, die Lehrerin körperlich attackiert, eine zweite, die zu Hilfe kommen will, verletzt und keineswegs einsichtig ist, dass ihm »weibliche Wesen« (seine Ausdrucksweise war wesentlich ordinärer und vulgärer) irgendwelche Direktiven geben dürfen.

In diesem Zusammenhang ist auch anzukreiden, dass vereinzelt Migranten absolut jegliche Integration verweigern, auch jede Kommunikation, ja Väter sich weigern, Umstufungen im Leistungssystem jeder Art, also positive, aber auch negative, zur Kenntnis zu nehmen und die Unterschrift schlichtweg verweigern.

Letztlich wollte ich zum Abschluss meiner beruflichen Laufbahn einen Ausblick wagen, wie man Schule, das schulische Umfeld aus meiner Sicht doch noch verbessern könnte.

Ich bedauere nochmals die teilweise ordinäre Ausdrucksweise und entschuldige mich dafür.

Trotz allem bleibe ich Optimist, dass Schule veränderbar ist und dass die klugen Köpfe dieses Landes es schaffen werden. Wer setzt endlich die Initialzündung für umfassende Reformen, Veränderungen, Innovationen?

Denn wenn man den Inhalt dieses Buches wahrnimmt, ernst nimmt, dann besteht zweifelsohne nachhaltiger Handlungsbedarf.

Sollte der Inhalt dieses Buches aber als eine aufgebauschte, übertriebene, nicht vorstellbare Darstellung angesehen werden, dann lehnen wir uns weiter zurück und gehen in Warte-, Kauer- und Lauerhaltung und wenden uns wichtigeren Dingen als einer Bildungsreform zu.